Antje Schrupp

VOTE FOR VICTORIA!

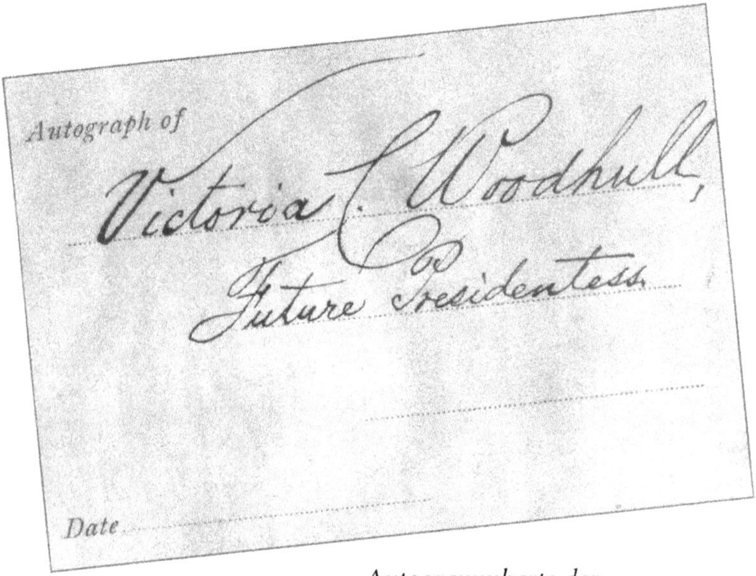

Autogrammkarte der »künftigen Präsidentin«

Antje Schrupp

VOTE FOR VICTORIA!

Das wilde Leben von Amerikas erster Präsidentschaftskandidatin Victoria Woodhull (1838–1927)

ULRIKE HELMER VERLAG

INHALT

EINLEITUNG

HEILIGABEND im Jahr 1837, in einem kleinen Dorf namens Homer, Ohio, USA: Ein methodistischer Prediger hat am Ortsrand ein riesiges Zelt aufbauen lassen, er will die Menschen zu Christus bekehren. Das religiöse Erweckungsspektakel ist willkommen, denn sonst ist nicht viel los auf diesem abgelegenen Fleckchen Erde. Der Prediger ist gut, die Stimmung aufgeputscht. Die Menge schreit, tanzt und lobt den Herrn. Mittendrin eine der enthusiastischsten Anhängerinnen des Predigers: Roxanna Claflin, genannt Annie. Sie ist vom vielen Schreien schon ganz heiser, fühlt sich Gott nahe. In solchen Momenten vergisst Annie ihre quengelnden Kinder, ihren cholerischen Mann, die anständigen Damen von Homer, die mit ihr, der verrückten Annie, nichts zu tun haben wollen. Irgendwann fällt die junge Frau in Trance, das passiert ihr häufig. Sie hat kaum noch Stimme, trotzdem jubelt sie weiter »Halleluja, Halleluja!«, bis sie schließlich entkräftet zu Boden sinkt. In dem Moment kommt Buck, ihr Ehemann, zieht sie hinter eine Bank und schiebt ihr den Rock hoch. Ringsherum sinken Menschen zu Boden, schreien, stöhnen und singen. Religiöse Ekstase und sexuelle Leidenschaft vereinigen sich zu einer gewaltigen Flamme der Lust – und genau so wurde, jedenfalls nach ihrer eigenen Darstellung, Victoria Woodhull gezeugt.

35 Jahre später kandidiert das Gossenmädchen aus dem kleinen Dorf in Ohio als erste Frau für das Amt des Präsidenten der

Vereinigten Staaten von Amerika und verfügt über eine der erstaunlichsten Lebensgeschichten, die man sich denken kann: Sie ist die erste Brokerin an der Wall Street, eine mitreißende Rednerin, deren Vorträge über Feminismus, Kommunismus und freie Liebe Säle mit mehreren tausend Plätzen füllen, und hat eine eigene Partei gegründet, die sie als Präsidentschaftskandidatin nominiert.

Aber Victoria Woodhull ist nicht einfach Reformerin. In allem, was sie tut, gibt es immer auch eine andere Seite, die die Verbindung hält zu der freizügigen und ekstatischen Annie Claflin, ihrer Mutter: Victoria Woodhull hat Visionen und sieht Geister; sie besitzt Kontakt zum New Yorker Rotlichtmilieu, einige ihrer besten Freundinnen sind Prostituierte, und eine Zeit lang hat sie selbst auf diese Weise ihr Geld verdient. Sie lebt freizügig, hat wechselnde Liebhaber und nicht zuletzt eine völlig chaotische Familie, die ihr überall hin nachreist und Streitigkeiten lautstark, häufig betrunken und nicht selten vor Gericht austrägt – zur Freude der Skandalreporter, aber zum Entsetzen der »anständigen« Reformerinnen und Reformer.

Die Aktualität der Forderungen und Theorien dieser ungewöhnlichen Frau ist erstaunlich. Vieles von dem, was Victoria Woodhull vor rund 150 Jahren schrieb und sagte, trifft auch heute noch zu und erscheint im Rückblick geradezu visionär. Etwa ihr Beharren darauf, dass rechtliche Gleichheit nicht das Hauptziel der Frauenbewegung sein kann, sondern dass es um weibliche Freiheit in einem weiteren Sinne geht. Oder ihre feste Überzeugung, dass eine Arbeiterbewegung, die sich auf den Kampf gegen das »Kapital« versteift (der ihrem Zeitgenossen Karl Marx so wichtig war), zum Scheitern verurteilt sein würde. Oder die Mahnung, dass erzwungener Sex, auch in der Ehe, ein Verbrechen darstellt.

Von Homer in Ohio nach New York City

Victoria Woodhull kam am 23. September 1838 zur Welt. Annie und Buck Claflin folgten einer gängigen Mode, als sie ihrer Tochter den Namen der soeben gekrönten englischen Königin gaben. Immerhin bekam das Neugeborene auf diese Weise nicht so einen merkwürdigen Namen, wie Annie sie sonst für ihre Kinder aussuchte: Odessa und Maldon, Hebern und Utica zum Beispiel. Victoria war das siebte Kind, das Annie Claflin zur Welt brachte – eine magische Zahl! Annie war überzeugt, dass dieses Kind etwas Besonderes ist. Aber dass eine Victoria Woodhull einmal die Schlagzeilen der größten Zeitungen des Landes füllen würde, das hätte sich damals wohl niemand träumen lassen. Denn Victoria war ein Kind aus der Gosse. Sie stammte aus einer Unterschichtfamilie, die nicht nur arm war, sondern verkommen. Im Hause Claflin herrschte keine ehrbare Bedürftigkeit, sondern Dreck und Unzucht. Die Claflins waren soziale Außenseiter.

Annie – Roxanna Claflin, geborene Hummel – hatte keine Familie. Auf die Frage eines Reporters, woher sie komme, antwortete sie später einmal: »Von nirgendwo.« Annie war einfach irgendein Mädchen, um das sich niemand sonderlich gekümmert hatte, dem Akzent nach zu urteilen von deutscher Abstammung. Im Sommer 1824 lernte sie Reuben Buckman Claflin kennen, einen gewieften 28-jährigen Burschen, der lesen und schreiben und vor allem gut rechnen konnte. Irgendwann hatte er mal ein paar Wochen bei einem Anwalt gejobbt, seither gab er seinen Beruf mit »Rechtsanwalt« an. Sein Einkommen bestritt er aber in erster Linie als Pferdehändler (böse Zungen behaupteten auch: als Pferdedieb), wobei er sich gerne mit Kartenspiel und ähnlichen Aktivitäten ein Zubrot verdiente. Im Dezember 1825 heirateten Buck und Annie, vier Monate später wurde ihre erste Tochter, Margaret Ann, geboren.

Gemeinsam mit Annie erfand Buck Claflin bald eine Einkommensquelle, die lukrativer und weniger gefährlich war als Pferdediebstahl: Wahrsagerei, kombiniert mit Erpressung. Annie begann den Leuten die Zukunft vorherzusagen. Sie tröstete Mütter über den Verlust ihrer verstorbenen Kinder hinweg, Witwer über den ihrer Frauen, und gab in jeder Lage gesundheitliche und psychologische Ratschläge. Bei diesen Gesprächen erfuhr sie allerhand Intimes aus den Familien- und Geschäftsangelegenheiten der Ortschaft. Nach einer Weile allerdings erschien ihr unweigerlich die Jungfrau Maria und eine unerklärliche Kraft zwang sie, auf den nächstbesten Hügel zu steigen und lauthals vor Gott ihre Sünden zu bekennen – und die ihrer Nachbarinnen und Nachbarn gleich mit. Sündige Seelen allerdings, die Bucks Geldbörse mit angemessenen Spenden zu füllen halfen, kamen in Annies öffentlichen Bekenntnissen wundersamerweise nicht vor.

Dieses Geschäft machte es erforderlich, von Zeit zu Zeit den Wohnort zu wechseln, denn über kurz oder lang setzten sich die Leute gegen die Erpressungen der Claflins zur Wehr. Also zogen Annie und Buck in den ersten elf Jahren ihrer Ehe kreuz und quer durch Pennsylvania, bevor sie schließlich in Homer/Ohio landeten. Annie hatte alle zwei Jahre ein Kind zur Welt gebracht, aber zwei Mädchen – Delia und Odessa – waren früh gestorben. Die Schwestern Margaret Ann und Polly waren zehn und sechs Jahre alt, ihre Brüder Maldon und Hebern vier und zwei, als die Familie beschloss, sesshaft zu werden. Buck hatte beim Boom der Grundstückspreise in der Region um den Ohio-Erie-Kanal geschickt spekuliert, und als die Claflins in Homer ankamen, hatten sie ein wenig Geld in der Tasche. Das war ein knappes Jahr vor jenem denkwürdigen Zeugungsakt an Heiligabend im Missionszelt.

Der Ort Homer hatte damals ungefähr 400 Einwohnerinnen und Einwohner und acht Schnapsbrennereien – exzessiver Alkoholkonsum und die regelmäßig stattfindenden Erweckungsgottesdienste waren die einzigen Vergnügungen, die das Leben hier zu bieten hatte. Auf den Straßen tummelten sich Schweine und Hühner, als Toiletten dienten Löcher, die man im Garten grub.

Die Claflins ließen sich in Homer, jedenfalls für ihre Verhältnisse, häuslich nieder. Sie kauften die örtliche Mühle zusammen mit 200 Hektar Land, das sie mehr oder weniger bewirtschafteten, und Buck verdiente sich etwas dazu, indem er den Farmern in der Nachbarschaft half, Zäune zu reparieren oder kranke Pferde zu kurieren. Es dauerte fast zehn Jahre, bis man sie aus dem Ort vertrieb.

Nach Victoria brachte Annie noch drei weitere Kinder zur Welt, die Schwester Utica im Jahr 1841, dann einen Jungen, der aber früh starb, und schließlich, 1846, Tennessee Celeste.

Obwohl sie keineswegs bitterarm waren, galten die Claflins in Homer als asozial. Das lag nicht nur an Bucks dubiosen Geschäften, sondern vor allem an Annies exzentrischem Verhalten. Sie konnte zwar nicht lesen und schreiben, dafür wusste sie lange Passagen der Bibel auswendig und kommunizierte mit Geisterwelten. Nachts streifte sie durch die Wälder und sprach lauthals mit den Bäumen. Außerdem verspürte sie wenig Lust zu hausfraulichen Tätigkeiten. Ihre Kinder bettelten bei den Nachbarn um Essen, und wenn Annie auf ihrem Ofen überhaupt einmal etwas zusammenbraute, dann die Zutaten für eine ihrer selbstgemachten Arzneien, denen sie mehr vertraute als dem ortsansässigen Arzt. Kolportiert wird die Geschichte, wie die Damen des Ortes den Versuch unternahmen, Annie davon zu überzeugen, Gardinen vor die Fenster zu hängen: »Fenster sind da, um Luft und Licht reinzulassen«, antwortete sie ruppig. Kurz und gut: Annie Claflin war nicht ehrbar, nicht »respektabel«, wie es damals hieß, und ihre Kinder waren es daher auch nicht.

Buck hatte einen cholerischen Charakter, Prügel waren seine bevorzugte Erziehungsmethode. Victorias ältester Bruder Maldon lief, als er dreizehn war, nach einer besonders brutalen Züchtigung davon und ward nie wieder gesehen. Das waren natürlich ganz andere Umgangsformen als in der bürgerlichen Mittelschicht. Die Claflins stritten sich nicht subtil, sie arbeiteten nicht mit Liebesentzug oder schlechtem Gewissen, für die Kinder setzte es keine heimlichen Kniffe in den Oberschenkel unter dem Tisch. Hier wurde offen gebrüllt oder geprügelt. Ob die Nachbarn etwas von ihren Auseinandersetzungen mitbekamen, war den Claflins völlig egal. Man kann sich vorstellen, dass eine solche Kindheit eine harte Schule war. Trotzdem vermittelte die Familie den Kindern ein Gefühl der Sicherheit und Geborgenheit. Vor allem Annie schaffte es, den Clan zusammenzuhalten: Ihre Mutter, erinnert sich Victoria später, achtete stets darauf, dass sich alle nach einem Streit wieder versöhnten – niemand soll voller Ärger ins Bett gehen, war ihre Maxime.

Victoria und ihre Schwestern wuchsen also auf, ohne mit kleinbürgerlichen Anforderungen und Frauenbildern konfrontiert zu werden, wie sie damals für die Erziehung von Mädchen üblich waren. Schulen sahen die Claflin-Kinder nur sporadisch von innen – Victoria ging im Alter von acht bis elf Jahren zur Schule, hin und wieder jedenfalls. Sie hatte als Kind keinerlei Vorstellungen von der angeblich natürlichen Rollenverteilung der Geschlechter: Weibliche Häuslichkeit, Bescheidenheit, Demut, Fürsorglichkeit? – doch nicht bei Annie Claflin! Der Mann als ritterlicher Beschützer, als Familienernährer, als derjenige, der die Verantwortung trägt für Frau und Kinder? – Nicht, wenn der Vater Buck Claflin heißt! Das Leben, erfuhr Victoria Woodhull, ist Kampf, und zwar nicht in übertragenem Sinne, sondern ganz wörtlich. Beim Kampf ums Überleben ist es egal, ob du eine Frau oder ein Mann bist, abgesehen davon vielleicht, dass du als Frau andere Waffen einsetzen solltest. Victoria Woodhull lernte in ihrem Elternhaus nicht kochen und putzen, nähen oder Tische dekorieren. Aber sie lernte, schlau zu argumentieren, sich bei Vorwürfen herauszureden und den eigenen Vorteil nicht aus den Augen zu verlieren. Sie lernte, sich von der Meinung anderer unabhängig zu machen, nichts für selbstverständlich zu halten, keine Gerechtigkeit von irgendwelchen Autoritäten zu erwarten und auf die eigenen Wünsche und Auffassungen mehr zu achten als auf gesellschaftliche Konventionen und das Gerede der Leute.

Andererseits (oder vielleicht auch gerade deshalb) war die soziale Stellung der ehrbaren Frauen, die Achtung, die einer »Lady« entgegengebracht wurde, für Victoria Woodhull ihr Leben lang ein Ideal, das sie anstrebte. Schon als Kind war Victoria von kleinbürgerlichem Ambiente fasziniert. In einer ihrer Visionen sieht sie als Mädchen das Paradies und schildert es als eine Ansammlung von biederen Kleinbürgerhäusern mit Blumenrabatten im Garten. Und als sie später, schon berühmt, ihre eigene Vergangenheit für die Medien neu erfindet, beschreibt sie ihr Geburtshaus in Homer genau so: »Ein kleines, weiß gestrichenes Häuschen mit hohem Giebel, einer Veranda und einem Blumengarten.« Für die üblichen Klagen und Sorgen bürgerlicher Frauen hatte Victoria Woodhull allerdings nicht viel Verständnis. Wieso sollte man sich darüber beklagen, nicht arbeiten zu dürfen, keine »Aufgabe« zu haben? Schließlich gab es so viele Möglichkeiten, etwas zu tun, wenn man sich nicht täglich darum sorgen müsste, etwas zu essen zu haben und nicht verprügelt zu werden.

Victoria Woodhull liebte den schönen Schein der bürgerlichen Welt, hasste aber die damit oft verbundene Heuchelei, die Tatsache, dass es hinter den Kulissen meistens keineswegs so ehrenwert zuging, wie es nach außen den Anschein hatte. Zum Beispiel bei den Scribners, den Nachbarn der Claflins in Homer. Die Familie war so ehrbar, dass Frau Scribner ihre Tochter

Laurie mit einer Weidenrute schlug, weil sie sich einmal von den dreckigen Claflins einen Apfel schenken ließ. Victoria zog aus solchen Erlebnissen ihre Lehren: Zeitlebens hasste sie nichts so sehr wie Doppelmoral. Ihre Ansprüche an ein tugendhaftes Leben waren nicht niedriger, sondern höher als die ihrer ehrbaren Geschlechtsgenossinnen – sie verlangte, dass man die Moral nicht nur auf den Lippen führt, sondern sich auch tatsächlich danach verhält. Später soll sie immer einen Talisman bei sich getragen haben, einen in jedes ihrer Kleider eingenähten Zettel, auf dem der 2. Vers des 120. Psalms geschrieben stand: »Herr, rette mein Leben vor Lügnern, rette es vor falschen Zungen.«

Annie Claflins Ausweg aus der sozialen Ächtung, den sie auch ihren Töchtern vorlebte, war die Flucht in jenseitige Welten. Victoria sagte später, ihre Mutter sei Spiritistin gewesen, bevor diese Bewegung überhaupt existierte. Annie sah Jesus, der ihr seine blutigen Hände entgegenstreckte, oder auch den Teufel, den sie an seinem roten Schwanz und dem Pferdehuf erkannte. Ihre Mutter war, erinnert sich Victoria, gleichermaßen im Himmel und in der Hölle zu Hause, »sie betete, bis ihre Augen voller Tränen standen und gleichzeitig fluchte sie, bis sie Schaum vor dem Mund hatte«. Dabei schärfte Annie ihren Töchtern immer wieder ein, dass ihnen ein besseres Leben vorbestimmt sei. In einer Vision habe sie gesehen, dass sie reich sein würden und in eigenen Kutschen umherführen. Wenn die Nachbarn und Mitschülerinnen die Claflin-Mädchen verspotteten, erklärte Annie ihnen, sie seien eben anders. Sie zog ihre Töchter – und vor allem Victoria, »die kleine Königin« – in dem Bewusstsein auf, von jenseitigen Mächten beschützt zu werden und zu Höherem berufen zu sein. Von ihrer Mutter übernahm Victoria die Überzeugung, unter dem Schutz der Geister zu stehen und daher immer im Recht zu sein, egal, was die anderen sagen.

Im Amerika in der Mitte des 19. Jahrhunderts war der Spiritismus allerdings kein Spleen, sondern eine weitverbreitete Bewegung. Fast jede Familie hatte damals wegen des amerikanischen Bürgerkriegs zwischen Nord- und Südstaaten Tote zu beklagen, und da war die Vorstellung verlockend, man könne mit den Verstorbenen in Kontakt treten. Viele führende Politiker, Schriftstellerinnen, Frauenrechtlerinnen und Reformer aus der Anti-Sklaverei-Bewegung interessierten sich damals für den Spiritismus. Man sah darin einfach einen weiteren Fortschritt zur Enträtselung der Welt: Auf technischem Gebiet waren gerade Elektrizität und Telegrafie erfunden worden, also ebenfalls unsichtbare Energien und Impulse, die große Wirkung entfalteten, ohne dass man unmittelbar verstand, wie das vonstatten ging. Es galt deshalb nicht nur als fortschrittlich, sondern geradezu als wissenschaftlich, Verbindungen zur Welt der Toten, zum Unbewussten und Jenseitigen zu suchen.

Victoria Woodhull hatte ihre erste Vision im Alter von fünf Jahren. Im Haus der Nachbarsfamilie Scribner lebte die einundzwanzigjährige Rachel, eine Schwester des Hausherrn. Die junge Frau hatte sich mit Victoria angefreundet, brachte ihr ein wenig lesen und schreiben bei, kämmte ihr hübsche Frisuren, gab ihr Essen und das Gefühl, nicht ganz so dreckig und verkommen zu sein wie der Rest der Claflins. Sie war Victorias großes Vorbild. Aber eines Tages erkrankte Rachel an Cholera und starb ganz plötzlich, innerhalb von nur wenigen Stunden. Dieses einschneidende Erlebnis löste Victorias erste Flucht aus einer unerträglichen Welt in die der Erscheinungen aus. Sie stand im Obstgarten der Scribners, geschockt von der Todesnachricht, als Rachels Geist zu ihr kam. Die tote Rachel nahm Victoria an der Hand, und sie schwebten gemeinsam einen spiralförmigen Weg entlang, in hellem, weißen Licht, bis sie in die Geisterwelt kamen. Dort trafen sie, so Woodhulls späterer Bericht, »einige Geister, von denen ich heute weiß, dass es Demosthenes, Bonaparte und Josephine waren. Sie sagten mir, dass ich in ihrem Dienst stehe, und dass sie mich immer bewachen, anleiten und für mich Sorge tragen würden, sodass ich, wenn ich erwachsen bin, geeignet wäre, ihre Arbeit auf Erden zu tun.« Dann zeigten die Geister Victoria eine paradiesische Welt und sagten, »dass all dies noch im Laufe meines Lebens verwirklicht würde und dass ich eine wichtige Rolle dabei spielen würde, es möglich zu machen.« Unbefangen erzählte Victoria ihrer Mutter von solchen Visionen, und Annie bestärkte sie darin, diese Wahrnehmungen ernst zu nehmen.

Der Spiritismus war aber nicht der einzige Glaube, dem Annie aufgeschlossen gegenüber stand. Sie verstand sich auch als fromme Christin und war immer offen für übernatürliche Erfahrungen aller Art, vor allem dann, wenn sie praktischen Nutzen versprachen. Als eines ihrer Kinder an Typhus starb, machte sie sich daran, neue Heilmethoden zu finden. Ein damals in Amerika sehr populäres neues Wunderheilmittel war der Mesmerismus oder auch Magnetismus, eine Ende des 18. Jahrhunderts von dem Wiener Arzt Franz Anton Mesmer erfundene Kur. Mesmer glaubte, dass es im menschlichen Körper eine unsichtbare Flüssigkeit gibt, die sich nach den Gesetzen des Magnetismus verhält und entsprechend auch durch Magnete, die am Körper angebracht werden, beeinflusst werden kann. Mesmers Anhängerinnen und Anhänger entwickelten daraus verschiedene Techniken der »magnetischen Heilung«, bei denen Patientinnen und Patienten zuweilen in Trance beziehungsweise in einen unbewussten, hypnotisierten Zustand versetzt wurden. In Amerika vermischten sich diese Techniken mit den christlich-religiösen Erweckungsbewegungen, in denen Wunderheilungen ebenfalls eine wichtige Rolle spielten. Annie Claflin sah 1845 auf dem Markt in Homer die Show eines Mesmeristen, der ein fünfzehnjähriges Mädchen hypnotisierte. Er stach in ihren Finger, aber es floss kein Blut, und als er ihr ein Tuch zeigte und sagte, es sei eine Schlange, wand sie sich vor Angst. Annies Interesse war sofort geweckt. Sie war bisher immer selbst in Trance gefallen, um ihre Kinder durch Handauflegung gesund zu machen. Aber vielleicht war es ja besser, die Kinder selbst in Trance zu versetzen? Vor allem drei von ihnen zeigten eine frühe Begabung für das Jenseitige und Übersinnliche: Hebern, Victoria und ganz besonders die Jüngste, Tennessee.

Tennessee war von klein auf Victorias Lieblingsschwester. Im Alter von zehn Jahren, so erzählt Victoria später, habe sie die damals zweijährige Tennie einmal vor dem Tod gerettet. Das Baby lag leblos mit einer Lungenentzündung im Bett, dem Tode nahe. Als Vicky ihre Schwester schüttelte, seien zwei Engel erschienen und hätten sie von der Wiege weggestoßen. Sie streichelten das Kind mit ihren weißen Händen und bliesen ihm ins Gesicht. Als etwas später Mutter Annie in den Raum kam, lag Victoria in tiefer Trance am Boden, während Tennessee gesund in ihrem Bettchen schlief. Es könnte natürlich sein, dass Victoria sich das alles nur ausgedacht hat und die Wirklichkeit viel prosaischer war: Sie sollte auf ihre kleine Schwester aufpassen, war aber eingenickt, und als ihre Mutter ins Zimmer kam und sie schlafend erwischte, erfand Victoria geistesgegenwärtig die Geschichte von den Engeln. Bei Annie hätte so eine Ausrede sicher gezogen. Aber selbst wenn es so gewesen sein sollte: Victoria glaubte fest daran, dass Geister aus dem Jenseits sie auch im Alltag beschützten und bewachten. Wenn sie als Kind schwere Arbeiten verrichten musste, schreibt sie später, schwebte sie manchmal einige Meter über dem Boden und sah sich selbst bei der Arbeit zu, ein Phänomen, das ihr das ganze Leben über in schwierigen Situationen half.

Als Victoria neun Jahre alt war, mussten die Claflins Homer verlassen. Eine Weile hatten sie Flaschen mit einem von Annie zusammengebrauten »Lebenselixier« verkauft, einer sehr wirkungsvollen Mischung aus Alkohol und Opiaten, der Annie auch selbst gerne zusprach. Doch das Geschäft lief nur mäßig. Auch der Versuch, aus Victorias Redegewandtheit Gewinn zu schlagen – Kinderpredigten über das Ende der Welt und die bevorstehenden Höllenqualen waren damals sehr in Mode –, brachte nicht genug Geld, um den Lebensunterhalt für die vielköpfige Familie zu sichern. Also versuchte Buck es wieder einmal auf die illegale Weise: Er nahm eine Stelle als Posthalter an und klaute Geld aus Briefen. Immerhin war er schlau genug, nach ein paar Monaten wieder damit aufzuhören, noch rechtzeitig, bevor der Betrug auffiel. Im Herbst 1847 schloss er dann eine Brandschutzversicherung für die alte Mühle ab, die auf seinem Grundstück stand. Kurz darauf brannte sie tatsächlich ab. Da Buck ein Alibi hatte, vermutete man, Annie oder eines der Kinder hätten die Mühle angezündet. Es wurde geredet, es wurde gedroht, und als ihm der Boden zu heiß wurde, verschwand Buck, ganz verantwortlicher Familienvater, von einem Tag auf den anderen und ließ Annie und die Kinder ohne einen Cent zurück. Nach seinem Verschwinden fand man den Postsack mit den leeren Briefumschlägen, denen er das beigelegte Geld entnommen hatte. Im Frühjahr 1848 organisierten die ehrbaren Damen des Ortes Homer einen Wohltätigkeitsbasar, und den Erlös gaben sie Annie Claflin – unter der Bedingung, dass sie und die Kinder auf Nimmerwiedersehen aus der Gegend verschwänden.

Buck Claflin blieb seiner Familie erhalten, zumal er bald erkannte, welche Geldquellen im Boom des Spiritismus lagen. In Mount Gilead mietete er ein Zimmer und vermarktete Victoria und bald auch Tennessee als Wahrsagerinnen. Es gab Tischrücken, Seancen, Kontakte mit Verstorbenen und Geistermusik – alles gegen gutes Geld, das Buck einsammelte. Annie Claflin braute wieder das Lebenselixier. Vor allem Tennie war als Wahrsagerin außerordentlich begabt. Schon im Alter von fünf Jahren sagte sie den benachbarten Farmern, wo sie ihre weggelaufenen Kühe wiederfinden konnten und ähnliches mehr. Tennessee ging die Wahrsagerei offenbar mit einer gewissen »Professionalität« an. Wenn ihr die spirituelle Inspiration ausging, hatte sie keine Skrupel, sich bei ihren Voraussagen in irgendwelche Banalitäten über Geld und Liebe zu flüchten. Victoria hingegen, bereits ein Teenager, sträubte sich gegen diese Art der Vermarktung ihrer medialen Fähigkeiten. Während ihr Vater schnelle, umsatzträchtige Sitzungen wollte, konnte es vorkommen, dass Victoria für Stunden in Trance fiel. Sie scheute sich auch nicht, den Leuten vorherzusagen, dass sie oder nahe Angehörige bald sterben würden – was, selbst wenn es stimmte, aus geschäftlichem Interesse nicht unbedingt klug war. Denn schließlich suchten Menschen, die Geister befragten, Trost und Hoffnung und wollten nicht mit der Aussichtslosigkeit ihrer Lage konfrontiert werden. Aber Victoria weigerte sich, ihren Kontakt zur Geisterwelt, der ja ihr persönlicher Fluchtweg aus der harten Realität war, zu banalisieren und damit zu entwerten. In den Auseinandersetzungen mit seiner Tochter griff Buck immer häufiger zur Rute, und möglicherweise vergewaltigte er sie auch – jedenfalls sagte Victoria später, ihr Vater habe sie »vorzeitig zur Frau gemacht«. Doch auch in dieser Lage halfen ihr die Geister. Oft fand Victoria Rat und Trost bei ihren verstorbenen Schwestern Delia und Odessa oder bei allen möglichen Engeln. Eines Tages, nach einem besonders heftigen Streit mit ihrem Vater, sah sie beim Waschen im Wasserbottich das Bild eines schönen, kräftigen Mannes mit einer weißen Toga, der ihr sagte, sie werde »zu großer Bedeutung aufsteigen, ihre Armut ablegen und in einem stattlichen Haus wohnen, großen Reichtum erlangen in einer großen Stadt mit vielen Schiffen und die Führerin ihres Volkes werden.« Victoria hatte nicht die geringste Ahnung, wer dieser geheimnisvolle Mann war, aber sie vertraute und sie glaubte ihm.

Die Situation im Hause Claflin wurde immer unerträglicher. Als daher ein halbwegs ehrenwerter Mann die vierzehnjährige Victoria fragte, ob sie ihn heiraten würde, zögerte sie keine Sekunde. Dies war die Chance, aus den Fängen des Vaters zu entfliehen! Auch Annie unterstützte die Heirat ihrer Tochter, nur Buck widersetzte sich zunächst – schließlich war seine Vicky die Haupteinnahmequelle der Familie. Doch Victoria setzte ihren Kopf durch. Ende 1853 heiratete sie, gerade fünfzehn geworden, den einundzwanzig Jahre alten Canning Woodhull.

Nur zu bald stellte sich aber heraus, dass sie vom Regen in die Traufe geraten war. In nüchternem Zustand war Woodhull zwar ein recht charmanter Ehemann – von außen betrachtet, schien die Ehe mit einem jungen Arzt von guter Herkunft für Victoria eine gute Partie. Tatsächlich jedoch war der Mann meistens betrunken und trieb sich in Wirtshäusern und Bordellen herum. Sechs Wochen nach der Hochzeit fand Victoria heraus, dass ihr frisch angetrauter Gatte bereits ein uneheliches Kind hatte, und zwar mit einer Frau, die er nach wie vor regelmäßig traf. 1854, kurz nach Weihnachten, brachte Victoria ihr erstes Kind zur Welt, nur mit Hilfe einer Nachbarin und des auch an diesem Tag wieder halb betrunkenen Canning. Es war ein Sohn, den sie, nach dem Dichter, Byron nannte. Wie sich herausstellte, war Byron jedoch schwer geistig behindert; er lernte sein Leben lang nicht sprechen. Victoria gab verschiedene Erklärungen für die Behinderung ihres Sohnes: Manchmal sagte sie, Canning Woodhull habe sie während der Schwangerschaft in den Bauch getreten, oder sie erklärte, Byron sei als Baby vom zweiten Stock aus dem Fenster gefallen.

Canning Woodhull machte keinerlei Anstalten, seiner Pflicht als Ehemann und Familienernährer nachzukommen, nämlich für Geld zu sorgen. Auch jetzt mussten die Geister Victoria zur Seite stehen. Eine der Geschichten, die sie aus ihrer Ehezeit erzählt, ist folgende: Eines Nachts sieht sie in einer Vision Canning, wie er volltrunken in einem Hotel einkehrt und sich auf ein Sofa wirft, wobei seine Geldbörse auf den Boden fällt. Ein Kellner kommt, sieht Woodhull schlafen und die Börse auf dem Boden liegen, und versteckt das Geld rasch hinter dem Sofa. Als Canning Woodhull am nächsten Morgen nach Hause kommt und seine Geldbörse vermisst, kann er sich nicht mehr erinnern, wo er sich in der Nacht überall herumgetrieben hat. Aber Victoria geht in das besagte Hotel, stellt den Kellner zur Rede und bekommt das Geld zurück.

Jedenfalls konnte die junge Familie nur überleben, indem

Victoria selber Geld verdienen würde – und sie hatte auch schon eine Idee. Die fünfziger Jahre waren in Amerika die Zeit des Goldrausches. 1848 waren in Kalifornien die ersten Nuggets entdeckt worden, schon zwei Jahre später war aus einem gewissen 500-Seelen-Dorf namens San Francisco eine blühende Stadt mit 40.000 Einwohnern geworden. Auch Victoria Woodhull sah hier eine Chance, zu Geld zu kommen. 1858 überquerte sie mit ihrem Mann und dem vierjährigen Byron im Schlepptau den amerikanischen Kontinent und siedelte nach San Francisco über – damals eine Reise von mehreren Monaten.

Zunächst hatte sie vor, wieder als Wahrsagerin und spiritistisches Medium zu arbeiten. Doch in Zeiten allgemeinen Aufbruchs und großer Euphorie über den schnellen Gold-Reichtum war dafür wenig Bedarf. Sehr große Nachfrage bestand dagegen nach sexuellen Dienstleistungen: In San Francisco lebten damals zwanzigmal soviel Männer als Frauen. Auch die zwanzigjährige Victoria Woodhull arbeitete zunächst als eines der »Cigar Girls« – das waren junge Mädchen, die den Verkauf von Zigaretten mit sexueller Animation verbanden. Doch sie hatte dafür offenbar nicht viel Talent. Jedenfalls versuchte sie dann, sich als Näherin durchzuschlagen. Bald aber lernte Victoria eine »Schauspielerin« namens Anna Cogswell kennen, und die beiden Frauen freundeten sich an. Anna schlug ihr vor, ebenfalls als Schauspielerin zu arbeiten. Auch die sogenannte »Schauspielerei« war zwar ein sehr sexualisiertes Metier (man kennt die einschlägigen Szenen und Kostüme aus den Westernfilmen), aber diese Arbeit war doch nicht so demütigend wie die eines »Cigar Girls« und ungleich lukrativer. Die Bühnenmädchen waren selbstbewusst und verrucht, und bei diesen Auftritten kam Victoria ihre starke Ausstrahlung und ihr gutes Gedächtnis zu Hilfe. Im Dunstkreis der Halbwelt von San Francisco lernte sie damals auch Josie Mansfield kennen, eine andere »Schauspielerin«, die von ihrem Stiefvater bereits mit zwölf Jahren in die Prostitution gedrängt worden war. Um dem zu entkommen, war Josie mit einem Schauspieler durchgebrannt, der im Team von Anna Cogswell arbeitete. Zehn Jahre später würden sich Victoria Woodhull und Josie Mansfield in New York wiedersehen – unter ganz anderen sozialen Umständen und zu ihrem beiderseitigen Vorteil.

Zufrieden war Victoria mit ihrem neuen Leben allerdings nicht. Sie hasste diese Arbeit, versicherte sie später, sie habe immer gewusst, dass ihr ein anderes Schicksal bestimmt sei. Wieder einmal waren es die Geister, die sie leiteten: Eines Abends, als sie wie gewohnt auf der Bühne stand, hörte sie die Stimme ihrer Schwester Tennessee, die rief: »Vicky, komm nach Hause!« Sie sah Tennie, wie sie einen rot-weiß gestreiften Kittel trug und neben ihrer Mutter Annie stand. Mitten in der Vorstellung sprang Victoria von der Bühne, hastete noch im Kostüm in ihre Mietswohnung und packte ihre Sachen zusammen. Am nächsten Morgen war die Familie Woodhull bereits auf dem Weg zurück in den Osten. Als sie Wochen später zu Hause ankamen, begrüßte Tennessee die ältere Schwester an der Tür – und trug dabei denselben Kittel, den Victoria in ihrer Vision gesehen hatte. Auch Mutter Annie wunderte sich nicht, ihre Tochter so plötzlich wiederzusehen: Sie selber habe ja Tennie angewiesen, »die Geister auszusenden, um Vicky heimzubringen«.

Von da an lebten die Woodhulls wieder mit Victorias Eltern und Geschwistern zusammen. Das Unternehmen Claflin lief recht gut Anfang der sechziger Jahre. Die inzwischen vierzehn Jahre alte Tennessee machte ihre Sache als Hellseherin hervorragend. Laut Eigenwerbung konnte sie Auskünfte über die Befindlichkeit abwesender Freunde geben (egal, ob tot oder lebendig), konnte Vergangenheit, Gegenwart und Zukunft der Menschen sehen und Krankheiten wie Fieber, Rückenschmerzen, Verrenkungen heilen – sogar solche, für die die besten Ärzte keinen Rat wussten, wie zum Beispiel Krebs. Tennessee konnte in Trance fallen und per Geistreise fernen oder verstorbenen Lieben Nachrichten übermitteln, und sie wusste auch alles über die früheren, gegenwärtigen und zukünftigen Liebespartner und -partnerinnen der Damen und Herren, die sie aufsuchten. Auf Flugblättern und Plakaten verkündete Buck, dass Tennie von acht Uhr morgens bis neun Uhr abends konsultiert werden könne, zum Preis von einem Dollar pro Sitzung. Das altbekannte Lebenselixier, das Annie herstellte, hieß nun »Miss Tennessees magnetisches Lebenselixier« und kostete zwei Dollar die Flasche, doppelt so viel wie früher. »Es war ein hartes Leben«, kommentierte Tennie später, »ich wurde gezwungen, die Leute für Geld zu belügen.«

Buck Claflin war zudem sehr erfindungsreich, wenn es darum ging, der Scharlatanerie zu mehr Wirkung zu verhelfen. Auf dem örtlichen Friedhof verschaffte er sich Informationen über die Familienverhältnisse der Leute: Die Grabsteine verrieten ihm, wer mit wem verwandt war und wessen nahe Angehörige kürzlich verstorben waren. Dies und eine Reihe anderer Tricks ermöglichten es Tennessee, ihre Kundinnen und Kunden auch dann zufriedenzustellen, wenn ihre medialen Fähigkeiten sie im Stich ließen.

Victoria war empört über dieses Treiben. Bald verließ sie ihre Familie erneut und ging mit Mann und Kind nach Indianapolis/Illinois, wo sie sich mit einer eigenen Praxis als »Hellseherin, Medium und magnetische Heilerin« selbstständig machte. Doch das Zusammenleben mit Canning Woodhull wurde immer unerträglicher. Er trug weiterhin nichts zum Lebensunterhalt bei und war nur ein Klotz am Bein. Kurz nach der Geburt ihres zweiten Kindes im April 1861 – ein Mädchen, dem sie den ausgefallenen Namen Zulu Maud gab – reichte Victoria die Scheidung ein. Es hat fast den Anschein, als habe sie sich noch den Wunsch eines zweiten Kindes erfüllen wollen, bevor sie sich von der Last ihres nutzlosen Ehemannes befreite. In all den Jahren seit der Geburt des inzwischen sechsjährigen Byron war Victoria nicht wieder schwanger geworden; offenbar kannte sie

Die junge Familie Woodhull

Verhütungsmittel oder Abtreibungsmethoden. Aber nun wollte sie ein zweites Kind, »sie betete zu Gott um eine Tochter mit schönem Körper und gesundem Geist.« Das Gebet wurde erhört. Zulu Maud war ein Wunschkind, sowohl klug als auch schön, und sie blieb eine treue Gefährtin ihrer Mutter bis zu deren Tod.

Nach der Trennung von Canning Woodhull kehrte Victoria erst einmal wieder zu ihren Eltern und Geschwistern zurück. Aber das war nur eine Notlösung. Da Bucks Betrügereien über kurz oder lang aufflogen, tingelten die Claflins weiterhin von Ort zu Ort, ständig auf der Suche nach Leichtgläubigen, die sich übers Ohr hauen ließen. 1863 landeten sie in Ottawa/Illinois, wo Buck unter dem Namen »Doktor Reuben B. Claflin« eine Art Krankenhaus eröffnete und sich als »Amerikanischer König des Krebses« anpries. In einem Zimmer stellte er ein paar Betten auf und versprach die Heilung jedes Krebskranken innerhalb von 48 Stunden, »ohne Instrumente, ohne Schmerz oder Chloroform, einfach durch Anwendung einer selbst hergestellten Salbe.« Dieses neue Wundermittel stellten in bewährter Weise Annie und Utica her, es enthielt vor allem Ziegenfett und eine Lauge. Doch offenbar reichten die Einkünfte aus der angeblichen Krebsheilung nicht aus, um die vielköpfige Familie zu ernähren. Immerhin lebten im Haus von Annie und Buck jetzt neben Tennessee, Utica, Victoria und ihren zwei Kindern auch noch die beiden inzwischen geschiedenen älteren Schwestern, Margaret Ann mit vier Kindern und Polly mit ihrer Tochter Rosa, sowie Bruder Hebern, der sich unterdessen ebenfalls einen fiktiven Doktortitel zugelegt hatte. Vor allem die drei jüngsten Claflin-Töchter, Tennessee, Utica und Victoria, waren ausgesprochen hübsch. Also beschloss Buck, zusätzlich zu seiner Krebsheilung auch Lehrstunden im »Kult der Liebe« anzubieten, wie er es in einer Zeitungsannonce formulierte.

Die Sache mit der angeblichen Krebsheilungs-Salbe war keine von Bucks besten Ideen. Offenbar unter dem Druck, Erfolge zu erringen, rührten Anni und Utica ätzende Mittel bei und dosierten die Salbe immer stärker. Die Schreie der Patienten und Patientinnen nach dieser »Behandlung« waren weithin in der Nachbarschaft zu hören. Als Buck dann auch noch anfing, falsche Zeugenaussagen zu erfinden, um sich anzupreisen, überspannte er den Bogen endgültig. Das Haus der Claflins wurde von der örtlichen Polizei und zwei Ärzten untersucht. Laut Zeitungsberichten fand man die Kranken dort in den menschenunwürdigsten Umständen vor. Anderntags gingen neun Anklagen wegen unsachgemäßer ärztlicher Behandlung, Erpressung und Quacksalberei ein ... »Das plötzliche Verschwinden von Tennessee Claflin« lautete am Tag darauf die Schlagzeile in den Zeitungen. Die Claflins hatten Hals über Kopf das Weite gesucht, doch in den Wirren des Bürgerkrieges ging der Vorfall unter.

Für Victoria gab der Skandal um die Krebssalbe den Anlass, ihr Glück erneut allein, ohne ihre Familie, zu versuchen. Sie nahm ihre Kinder, den zehnjährigen Byron und die dreijährige Zulu, und ging nach Chicago, wo sie wieder eine Praxis für »magnetisches Heilen« eröffnete. Victoria Woodhull glaubte fest an ihre Fähigkeit, durch die Hände Energieströme mit anderen Menschen auszutauschen und sie so beeinflussen zu können, und sie wandte das auch häufig in Alltagssituationen an. So begrüßte sie die Menschen immer, indem sie ihnen beide Hände reichte, und es gibt viele, die berichten, sie hätten in diesen Momenten eine starke Energie gespürt. Wenn sie mit Vorwürfen und Kritik konfrontiert wurde, schaute sie ihr Gegenüber mit festem Blick an – so lange, bis er oder sie wegsah. Woodhull glaubte auch, dass sie mit ihren »magnetischen« Fähigkeiten Menschen, die ihr übel wollten, von sich fernhalten könne.

Dass die Ratsuchenden selbst an die Fähigkeiten der Heilerin glauben, dass sie ihr vertrauen, war damals wie heute der Dreh- und Angelpunkt solcher spirituellen Methoden. Und Vertrauen erwecken, das konnte Victoria Woodhull wie kaum eine andere. Sie behandelte vor allem Frauen, die mit den unterschiedlichsten Problemen zu ihr kamen, und hörte sich aufmerksam ihre Lebens- und Leidensgeschichten an. Victorias Kundinnen sprachen über sexuellen Missbrauch, über Vergewaltigung, über schwierige Geburten, sterbende Kleinkinder, gewalttätige Ehemänner. Sie schilderten ihre Schmerzen beim Geschlechtsverkehr, die unerträgliche Arbeitsbelastung, Armut und Demütigung. Sie erzählten, wie sie Schwangerschaften verhinderten oder wo und wie sie Abtreibungen vornahmen. Die Armen sprachen über die Schwierigkeiten, sich und die Kinder satt zu kriegen, die Reichen über die Langeweile und Perspektivlosigkeit eines bürgerlichen Frauenlebens. Victoria Woodhull hörte gut zu, gab Ratschläge und machte Voraussagen für die Zukunft. Sie war eine Meisterin darin, Fragen und Probleme vorwegzunehmen und den Ratsuchenden das Gefühl zu vermitteln, ihre Situation zu verstehen und Lösungswege aufzeigen zu können. Zweifellos kam ihr dabei ihr großes Selbstbewusstsein zu Gute und ihre feste Überzeugung, über außerordentliche spirituelle Fähigkeiten zu verfügen. Ihre Zeit als Heilerin schildert sie mit Worten, die fast so klingen, als sei sie Jesus Christus: Sie »richtete die Füße der Lahmen, öffnete die Ohren der Tauben«. Nur dass Victoria Woodhull dabei mehr Wert auf den praktischen Nutzen legte, denn sie fand auch »Bankräuber, brachte verborgene Verbrechen ans Licht, enthüllte Geschäftsgeheimnisse«. Die Jahre, die sie als spirituelle Heilerin verbrachte, legten den Grundstein für Woodhulls spätere Karriere als Reformerin und Politikerin. In ihren Vorträgen zitierte sie immer wieder aus dem riesigen Fundus an Schicksalen vor allem von Frauen, aber auch von Männern, den sie in diesen Jahren ihrer Praxis als Heilerin und Wahrsagerin gesammelt hatte.

Während sich Victoria Woodhull in Chicago eine Existenz aufbaute, zog der Rest des Claflin-Clans nach Cincinnati und vermarktete weiterhin Tennessee als Hellseherin und Heilerin.

Aber auch diesmal ließ der Ärger nicht lange auf sich warten. Eines Tages verfolgte ein Polizist die Ehefrau eines angesehenen Holzhändlers in das Haus der Claflins, wo er sie im Bett mit einem anderen Mann vorfand. Die Frau wurde verhaftet und des Ehebruchs angeklagt, die Claflins mit der Beschuldigung bedacht, ein Bordell zu betreiben. Dazu kam eine Anklage wegen Erpressung. Kurze Zeit später tauchte die gesamte Familie in Chicago auf und zog bei Victoria ein – ein endloses Katz-und-Maus-Spiel. In Chicago lernte Tennessee, inzwischen neunzehn Jahre alt, einen gewissen John Bartels oder Bortels kennen und heiratete ihn. Im Sommer 1865 nahmen Victoria, Tennessee, Bartels und ihr Bruder Hebern den alten Planwagen ihres Vaters und tingelten einige Monate mit einer »rollenden Medizinshow« durch die Staaten Illinois, Missouri, Arkansas und Tennessee. Unterwegs bekamen Tennie und John Bartels aber Streit, und am Ende kauften Victoria und Hebern ihre Schwester quasi frei: Sie gaben Bartels einen Anteil ihrer Einkünfte von der Reise unter der Bedingung, dass er verschwinde und Tennie in Ruhe lasse.

Nach einigen Monaten kehrten die Geschwister nach Chicago zurück, und Victoria unternahm einen weiteren Versuch, ihrer Familie zu entkommen. Sie ging nach St. Louis/Missouri, und ließ sich dort erneut – diesmal unter dem Pseudonym Madame Holland – als Wahrsagerin und magnetische Heilerin nieder. In ihrer Werbung wandte sie sich ausdrücklich an Frauen und versprach ihnen »wunderbare Kuren für weibliche Leiden durch Hellseherei«.

Doch es war ein männlicher Kunde, der schon bald ihr Leben gründlich ändern würde. Hier, in St. Louis, lernte Victoria Woodhull nämlich den Mann kennen, der in den nächsten zehn Jahren ihr treuer Begleiter sein sollte, ihr Liebhaber, Lehrer und Manager – James Blood. Nach Victorias Schilderung lief ihre erste Begegnung folgendermaßen ab: Eines Tages tritt ein neuer Kunde, ein stattlicher Mann, in ihre abgedunkelte Praxis und setzt sich in den Stuhl ihr gegenüber. Auf der Stelle fällt sie in Trance und verkündet: »Ich sehe, dass unsere Zukunft verknüpft ist. Unsere Schicksale sind miteinander verwoben.« Tragischerweise war es Bloods Ehefrau, die ihn gebeten hatte, sie zu der neuen Wahrsagerin Madame Holland zu begleiten. Doch schon bald war Blood selbst ein ständiger Gast in Victorias Praxis.

James Blood war damals 31 Jahre alt – fünf Jahre älter als Victoria – ein angesehener, wohlhabender Bürger, städtischer Untersuchungsrichter und Präsident der örtlichen Eisenbahngesellschaft, ein ursprünglich eher konservativer Mann, der mit seiner Frau und zwei Töchtern ein ganz normales Leben führte. Doch der Bürgerkrieg hatte Blood sehr verändert, ihn am Sinn des Lebens zweifeln lassen. Zwar war er als Held mit dem Titel eines Colonel nach St. Louis zurückgekehrt, aber die Schrecken und Grausamkeiten der Schlachtfelder, der Anblick sterbender Soldaten und die Leiden der Verwundeten hatten sein Leben verändert. Er wurde Spiritist und kommunizierte täglich mit den Geistern seiner verstorbenen Kriegskameraden. 1864 wurde er Präsident der Spiritistischen Gesellschaft von St. Louis.

Bei seiner Familie und den früheren Bekannten stieß diese neue Weltsicht auf wenig Verständnis – wohl aber bei Victoria Woodhull. Im Sommer 1866 brannten die beiden zusammen durch. James Blood ließ Frau, Kinder, Arbeit, Reputation und einen ansehnlichen Schuldenberg zurück, kaufte einen Planwagen und tingelte mit Victoria als Dr. und Mrs. James Harvey durch die Lande. Schnell fand sich Blood in der Claflin'schen Lebensweise zurecht: Victoria bot ihre Dienste als Hellseherin und Heilerin an, James war ihr Ratgeber und Manager. Nach einigen Monaten hatten sie genügend Geld beisammen, um ihre Verhältnisse in St. Louis regeln zu können. Blood ließ sich scheiden, zahlte seine Schulden ab und überschrieb seiner früheren Frau alle seine Besitztümer, um dann mit Victoria die Stadt für immer zu verlassen.

James Blood

Im Gegensatz zu Victoria Woodhull war James Blood ein gebildeter Mann, ein Intellektueller. Er hatte sich mit den philosophischen Ideen seiner Zeit beschäftigt, engagierte sich für politische Reformen, und er war der erste, der Victoria Woodhull eine Art »theoretischen Überbau« bieten konnte für die Erfahrungen, die sie in ihrem eigenen Leben gesammelt hatte und aus den Erzählungen ihrer Klientinnen und Klienten kannte. Man könnte auch sagen, James Blood gab Victorias Lebensstil und ihren Überzeugungen eine politische Bedeutung und Rechtfertigung. Er machte ihr klar, dass vieles, was ihr Leben prägte, nicht nur das Ergebnis individueller Umstände war, sondern ebenso eine Folge gesellschaftlicher Entwicklungen und Trends.

Von solchen politischen Themen hörte Victoria Woodhull nun zum ersten Mal. Vielleicht erzählte James Blood ihr auch von Sojourner Truth, der ehemaligen Sklavin, die seit einigen Jahren mit ihren Vorträgen durch ganz Amerika zog und unter anderem deutlich machte, dass das weiße, bürgerliche Frauenbild nicht repräsentativ für alle Frauen war. »Kein Mann hat mir je in einen Wagen geholfen oder über eine Pfütze, oder hat mir jemals den besten Platz eingeräumt. Und bin ich nicht eine Frau? Ich habe gepflügt und gepflanzt und geerntet, und kein Mann war besser als ich. Und bin ich nicht eine Frau?«, hatte Sojourner Truth vor einem Frauenrechtskongress 1851 in Ohio ausgerufen, und wenn Victoria Woodhull jemals davon erfahren hat, wird ihr das gefallen haben: Auch ihr hatte bisher niemand in den Wagen geholfen. Von Sojourner Truth hätte Victoria Woodhull auch lernen können, dass eine Frau, die sich auf ihre eigene, konkrete Lebenserfahrung beruft, eine Herausforderung für verschiedene Seiten darstellt: Für die Männer, die Frauen unter Verweis auf angeblich »natürliche« Eigenschaften ihre Rechte verweigern wollen, aber auch für die Frauenrechtlerinnen, die glaubten, ihre Probleme als die von Frauen aus der Mittelschicht seien die Probleme aller Frauen.

James Blood hat Victoria auch erzählt, dass es neben den großen Strömungen der Reformbewegung, die sich für die Gleichstellung von Frauen und Schwarzen einsetzten, noch eine radikalere Minderheit gab, zu der er selbst gehörte und die nicht nur rechtliche Gleichstellung, sondern eine grundlegende Reform der Sitten und vor allem der Geschlechterbeziehungen wollte: Die sogenannten »free Lovers«, Anhängerinnen und Anhänger der freien Liebe. Sie beriefen sich auf frühsozialistische Ideen aus Europa, wo bereits in den dreißiger Jahren Kommunen entstanden waren, die neue Modelle für das Zusammenleben von Männern und Frauen entworfen und praktiziert hatten: ohne Hierarchien, ohne gesetzliche Ehe, ohne Unterdrückung der Sexualität. Diese Ideen waren mit den Einwanderungsbewegungen aus Europa nach Amerika gelangt und fielen dort, getreu dem Motto »Anything goes«, auf fruchtbaren Boden.

Man kann sich vorstellen, welche Inspiration James Blood und Victoria Woodhull füreinander gewesen sein müssen. Er bot ihr die Möglichkeit, ihre Ansichten und Erfahrungen in einer »Theorie« wiederzufinden, und gab ihr das Selbstvertrauen, mit ihren Überzeugungen und ihrer Lebensweise auch Menschen aus der Mittelkasse gegenüberzutreten. Und sie ermöglichte ihm den Ausbruch aus spießbürgerlichen Verhältnissen, die Umsetzung seiner Theorien in die Praxis; sie war der lebende Beweis dafür, dass seine sozialen Theorien nicht nur Spinnerei waren. Auf ganz unterschiedlichen Wegen – Woodhull über die blanke Not des Überlebenskampfes, Blood durch theoretisches Nachdenken über soziale Theorien – waren beide zu derselben Lebensphilosophie gekommen. Das machte sie füreinander so attraktiv und ihre Begegnung so faszinierend.

James Blood und Victoria Woodhull zogen nach Dayton/Ohio, eine Stadt, die für ihre liberale Handhabung der Ehegesetze bekannt war, denn hier konnten auch Geschiedene wieder heiraten. Am 12. Juli 1866 ließen sich Victoria Claflin –

so ihr Eintrag auf der Urkunde – und James Blood dort von einem presbyterianischen Priester trauen. Später betonten sie jedoch, sie hätten sich zwei Jahre danach wieder scheiden lassen, weil ihre Liebe es nicht nötig habe, durch Gesetze geschützt zu werden. Wie auch immer: Die nächsten zehn Jahre lebten die beiden als Paar zusammen. Victoria nahm aber nicht den Nachnamen ihres Mannes an, sondern benutzte weiterhin den Familiennamen Woodhull. Vielleicht hatte Blood ihr erzählt, dass die bekannte Frauenrechtlerin Lucy Stone einige Jahre zuvor von sich reden gemacht hatte, weil sie sich weigerte, den Nachnamen ihres Ehemannes anzunehmen, vielleicht überlegte sich Victoria aber auch einfach nur, dass der Name »Blood«, also »Blut«, keine gute Werbung für eine Heilerin und Wahrsagerin abgab.

Der Rest ihrer Familie war unterdessen in Victorias altem Haus in Chicago zu den üblichen Geschäften im Dunstkreis von Scharlatanerie, Prostitution und Erpressung zurückgekehrt. Noch immer bildete Tennessee die Haupteinnahmequelle der Familie. Sie war die attraktivste Hure und die talentierteste Wahrsagerin von allen. Victoria fand im nachhinein, das einzige, worin sich alle Claflins jemals einig waren, sei die Überzeugung gewesen, dass Tennie allein das Geld für die ganze Familie verdienen sollte. Utica, die sowohl auf die selbstständigere Victoria als auch auf die erfolgreichere Tennessee neidisch war, beklagte sich, dass »Tennie in einer Nacht von zehn Männern Besuch hat, und nach jedem muss ich sie baden, ihr ein neues Nachthemd anziehen und sie für den Nächsten parfümieren.« Wieder einmal beschwerten sich Nachbarn, die Claflins würden ein Bordell betreiben, aber wie gewöhnlich war das schwer zu beweisen. Und erneut hagelte es Anklagen gegen Tennie wegen »betrügerischen Wahrsagens« – der Vermieter nutzte das als Vorwand, um den Claflins die Wohnung zu kündigen. Irgendwann war auch für Tennessee das Fass übergelaufen. Sie packte ihre Koffer und reiste zu Victoria, die die jüngere Schwester gerne bei sich aufnahm. Mit James Blood verstand sich Tennie auf Anhieb gut. Unter den dreien festigte sich eine Lebens- und Arbeitsgemeinschaft, die sich als außerordentlich tragfähig und produktiv erwies. Blood machte die Schwestern vertraut mit Wirtschaftstheorien, den politischen Verhältnissen ihrer Zeit, sozialen Utopien und sozialistischen Ideen. Vicky und Tennie lernten schnell und begierig. Hier öffneten sich für sie neue Welten und eine Fülle ungeahnter Möglichkeiten. Annie und Buck Claflin jedoch hassten James Blood: Annie, weil er so großen Einfluss auf ihre Töchter besaß, Buck, weil er ihm seine wichtigste Einkommensquelle genommen hatte. Doch aller Protest half nichts. Von nun an gingen Victoria Woodhull, Tennessee Claflin und James Blood gemeinsam auf Wanderschaft.

Doch Victoria Woodhull war zu weitaus Höherem berufen. Später erzählte sie immer wieder die Geschichte, wie der unbekannte Geist in der weißen Toga ihr den entscheidenden Wink gab: Eines Tages, als sie gerade in Pittsburgh waren, erschien ihr wieder die wohlvertraute Gestalt. Diesmal sprach der Geist: »Deine Arbeit soll nun beginnen. All diese Jahre haben wir dich für deine große Mission vorbereitet. Nun geh nach New York City, in die Great Jones Street Nummer 17. Dort wirst du ein Haus finden, das auf dich und die Deinen wartet.« In ihrer Vision sah Victoria ein Haus, voll möbliert, mit Schlafräumen, einem Salon, ausladenden Treppen. Auf einem Mahagonitisch in der großen Eingangshalle lag ein Buch, allerdings war es aufgeschlagen, sodass sie den Titel nicht lesen konnte. Das Bild verschwand, und Victoria sah erneut den Geist. »Wer bist du?« fragte sie, »all die Jahre hast du mir das nicht gesagt, sag es mir jetzt.« Der Mann in der weißen Toga zeigte auf einen weißen Marmortisch und schrieb mit dem Zeigefinger Buchstaben auf die Tischplatte. Zunächst war die Schrift unsichtbar, doch nach einer Weile wurden die Buchstaben immer heller und glänzender, bis sie schließlich in Flammen aufgingen. Und Victoria konnte den Namen lesen – Demosthenes. Der berühmte Redner aus dem antiken Griechenland!

Es war klug von Demosthenes, Victoria Woodhull seine Identität erst jetzt zu enthüllen. Denn vor ihren Geschichtslektionen bei James Blood hätte ihr dieser Name wohl kaum etwas gesagt.

Victoria Woodhull, ca. 1868

»Macht es wie ich, befragt die Geister«

New York City war im Jahr 1868 keine besonders schöne Stadt. In Harlem fuhr man zwar noch durch idyllische grüne Felder, aber in Downtown herrschte unerträgliches Gedränge und ohrenbetäubender Lärm. In den sechs Jahren zuvor hatte sich die Bevölkerung verdoppelt, rund eine Million Menschen lebte nun hier, aber die Kanalisation und die Infrastruktur hatten mit diesem Boom nicht Schritt gehalten. New York und die benachbarte, damals noch eigenständige Stadt Brooklyn drohten im Schmutz zu versinken. Einen großen Anteil daran hatten die Ruß speienden Dampfloks, die sich durch die engen Straßen schoben, denn die Eisenbahn war damals das Hauptverkehrsmittel in Amerika. Verschiedene Bahngesellschaften konkurrierten miteinander, und fast jede von ihnen betrieb eine Linie nach New York. Um die südlichen Gegenden Manhattans vor weiterer Verschmutzung zu schützen, hatte die Stadtverwaltung 1850 jeglichen Eisenbahnverkehr unterhalb der 42. Straße verboten. Wie alle Reisenden, die nach New York kamen, mussten daher auch Victoria, Tennessee und James hier vom Zug in Pferdekutschen umsteigen. Allerdings gab es an dieser Stelle noch nicht die später vom amerikanischen »Eisenbahnkönig« Cornelius Vanderbilt gebaute schöne Grand Central Station. Der Umsteigeplatz war vielmehr ein Schlammfeld mit freilaufenden Schweinen und Gänsen, und zu allem Überfluss wurde er auch noch von den Viehherden gekreuzt, die von den Hudson River Docks quer über die Halbinsel zu den Schlachthäusern am East River getrieben wurden.

Manhattan war damals zweigeteilt: Reichtum, Wohlstand und aufstrebende Firmen siedelten im Westen, Fabriken, Schnapsbrennereien und die ärmlichen Wohngebiete der deutschen, englischen und irischen Einwandererfamilien lagen im Osten, wobei die Fourth Avenue die Grenze bildete. Lagen an der Second und Third Avenue noch vier- und fünfstöckige Mietshäuser mit Arbeiterwohnungen, so wurde die Fifth Avenue bereits von den hohen Sandsteingebäuden der wohlhabenden New Yorker Familien gesäumt, und sonntags promenierte hier die High Society. Victoria, Tennessee und James Blood begaben sich umgehend zu der Adresse, die Demosthenes ihnen mitgeteilt hatte – Nummer 17, Great Jones Street. Die Great Jones Street lag ganz im Südzipfel Manhattans, sie war ein Teilstück der 3. Straße, zwischen Bowery und Broadway.

Pathetisch beschreibt Victoria Woodhull ihre Ankunft an der neuen Wirkungsstätte: Als sie klopften, öffnete eine Frau die Tür, begrüßte sie mit den Worten: »Ach, Sie kommen sicher wegen der Zimmer«, und bat sie, in der Eingangshalle zu warten, bis die Betten gemacht seien. Das Haus sah haargenau so aus, wie Victoria es in ihrer Vision gesehen hatte. Auf dem Tisch lag das große Buch, und diesmal konnte sie auch den Titel lesen – es waren »Die Reden des Demosthenes« …

Victorias Vision schien sich also zu erfüllen: Sie war nach New York gekommen, um Großes zu leisten, und sie fand alles so vor, wie es ihr prophezeit worden war. Doch es sollte noch zwei Jahre dauern, bis sie tatsächlich eine wichtige Rolle im öffentlichen Leben spielte. Erst einmal musste Geld verdient werden. James Blood fand Arbeit bei einer kleinen Zeitung, die sein Bruder George in New Jersey herausgab, Victoria und Tennessee knüpften auf der Suche nach Verdienstmöglichkeiten Kontakte zu den Bordellbetreiberinnen, die es auf der Fifth Avenue reichlich gab. Wie immer ließ auch der Rest der Familie nicht lange auf sich warten. Kaum waren Annie und Buck darüber im Bilde, dass Victoria und Tennessee das Herumreisen aufgegeben hatten und sich in New York niederlassen wollten, da standen sie und Utica auch schon vor der Tür. Buck begleitete seine Töchter bei ihrem Gang durch die Bordelle, um den New Yorker Prostituierten das bekannte »Lebenselixier« zu verkaufen, das Annie und Utica weiterhin brauten. Es war nun mit Laudanum angereichert, einem Opiumderivat, das von Sexarbeiterinnen damals häufig verwendet wurde und das nicht nur die Claflins, sondern auch die meisten Apotheken im Angebot hatten.

Sexuelle Dienstleistungen waren ein florierendes Geschäft in New York. 1868 lebten schätzungsweise 20.000 Prostituierte in der Stadt, viele von ihnen – weiße wie schwarze Frauen – waren während des Bürgerkriegs aus den Südstaaten eingewandert. Sie arbeiteten in über sechshundert offiziell registrierten Bordellen, knapp hundert Stundenhotels und fast ebenso vielen »Musikkneipen mit schlechtem Ruf«. Natürlich gab es auch zahlreiche nicht registrierte Häuser, die man noch dazuzählen muss, und Tausende von Frauen, die auf dem Straßenstrich arbeiteten. Obwohl Prostitution offiziell verboten war, gab es faktisch kaum Beschränkungen des Gewerbes, im Gegenteil: Ein damals sehr verbreiteter New-York-Stadtführer zum Beispiel, der *»Gentleman's Guide«*, führte detailliert die verschiedenen Häuser mit ihren speziellen Angeboten auf. Hotels und Restaurants warben für die Etablissements in ihrer Nachbarschaft und vermittelten ihren männlichen Gästen Kontakte zu den Frauen. Der Besuch eines Bordells gehörte ebenso selbstverständlich zum Abendvergnügen der wohlsituierten New Yorker Männer wie ein Abendessen im Restaurant.

Eines der beliebtesten Bordelle war das von Annie Wood in einem diskreten Haus an der Ecke von 34. Straße und Fifth Avenue. Laut *»Gentleman's Guide«* war das Etablissement innen wie ein Herrenhaus der Südstaaten hergerichtet und servierte französische und kreolische Küche. Annie Wood war, wie so viele andere, aus den Südstaaten nach New York gekommen und hatte ihr Haus mit Hilfe eines anonymen Investors gegründet. Stolz betonte sie, dass hier nur die »besten Gentlemen« verkehrten, und sie warb damit, dass diese Herren bei den abendlichen Treffen in ihrem Etablissement in einer diskreten und entspannten Atmosphäre ihre politischen und wirtschaftlichen Angelegenheiten diskutieren könnten. Eine Spezialität des Hauses waren »Mulattinnen«, die das rassistische Klischee von der sexuellen Wildheit der Schwarzen verkörperten. Die weißen Frauen dagegen inszenierten sich, ebenso wie die Hausherrin selbst, als aristokratische, naive Südstaaten-Schönheiten. Aber Annie Wood war nur scheinbar naiv. In Wirklichkeit besaß die clevere Geschäftsfrau ein gut gehütetes Geheimnis, von dem ihre Kunden natürlich nichts wissen durften: In zwei dicken schwarzen Büchern notierte sie akribisch die Namen, Berufe und sexuellen Vorlieben ihrer Gäste. Sie sah es als eine Art Rückversicherung an, diese Details festzuhalten.

Victoria Woodhull und Tennessee Claflin gehörten schon bald zu den guten Freundinnen von Annie Wood. In diesem Bordell traf Victoria auch Josie Mansfield wieder, die sie aus San Francisco kannte und die schon einige Jahre zuvor nach New York gekommen war. Sie hatte eine Zeit lang für Annie Wood gearbeitet, war aber inzwischen die Kurtisane des reichen Unternehmers Jim Fisk.

Victoria und Tennessee scheinen in New York nicht mehr selbst in der Prostitution gearbeitet zu haben. Stattdessen entdeckten sie die Sexarbeiterinnen als potenzielle Kundinnen für ihre hellseherischen und heilenden Fähigkeiten. Sie verkauften ihnen nicht nur das dubiose Lebenselixier, sondern auch nützliche Dinge, zum Beispiel Verhütungsmittel wie Essigschwämmchen, die, in die Vagina eingeführt, die männlichen Spermien abtöteten, süßes Wasser zur Reinigung des Intimbereichs oder ein leichtes Betäubungsmittel, das die Schmerzen beim Geschlechtsverkehr linderte. Sicher ist ihnen dabei nützlich gewesen, dass sie das Rotlicht-Milieu und die Tätigkeit einer Prostituierten aus eigener Erfahrung kannten. Für Victoria und Tennessee waren diese Frauen ganz normale Kundinnen, die eben einen speziellen Beruf ausübten. Sie sahen in ihnen nicht moralischen Abschaum oder bemitleidenswerte Opfer eines verkorksten Lebenswegs, und das schuf natürlich eine Vertrauensbasis.

Später, als bekannte Rednerin, kam Victoria Woodhull immer wieder auf das Thema Prostitution zurück. »Die Wahrheit ist«, sagte sie zum Beispiel, »dass Prostituierte, die nicht trinken und sich gegen Krankheiten schützen, zu den gesündesten aller Frauen gehören und ihre Schönheit und Lebenskraft bis ins hohe Alter behalten. Ich kenne Hunderte von Ehefrauen, die zugeben, dass sie nicht einen Tag länger mit ihrem Ehemann leben würden, wenn sie einen anderen Weg hätten, ihren Lebensunterhalt zu sichern, und die dennoch auf Prostituierte herabsehen, als hätten sie Lepra. Es kann Prostitution in der Ehe geben und fairen Handel in einem Bordell. Es kommt auf die Bedingungen an, unter denen der Akt stattfindet, und nicht darauf, wo oder wie er ausgeführt wird.« Ein weiteres Argument, das sie in diesem Zusammenhang immer wieder vorbrachte, war die Verantwortung der Männer: Wer sich über Prostitution moralisch entrüstet, muss zunächst die Freier kritisieren, die hier eine Nachfrage schaffen, nicht die Frauen, die diese Nachfrage befriedigen.

Victoria Woodhull stellte auch Studien darüber an, welche Einkommensmöglichkeiten dieses Berufsfeld für Frauen bot. Eine erstklassige Prostituierte musste ihrer Vermieterin etwa 40 Dollar pro Woche für ein Zimmer zahlen und 20 Prozent ihrer Einnahmen abgeben. Von diesem Geld musste die Vermieterin die Behörden bestechen – in der Regel funktionierte das so, dass alle paar Wochen einige Frauen verhaftet wurden, aber am gleichen Tag gegen eine Strafe von etwa 100 Dollar wieder frei kamen. Streifenpolizisten und höhere Polizeibeamte mussten dafür mit kleinen Bestechungen bei Laune gehalten werden, außerdem konnten sie die Dienstleistungen der Frauen gratis nutzen. Einige Prostituierte gingen, wie Josie Mansfield, auch dauerhafte oder feste Teilzeit-Arrangements mit wohlhabenden Kunden ein, wodurch sie in den Status einer Kurtisane aufstiegen. Victoria Woodhull hielt es für einen Skandal, dass ein Großteil der Einnahmen von Prostituierten für die Bestechung von Politikern und Polizisten aufgewendet werden musste. Sie sah hier ein typisches Beispiel für die gesellschaftliche Doppelmoral: Das formale Verbot der Prostitution hatte ja offensichtlich nicht den Zweck, gekauften Sex zu unterbinden, sondern es schuf lediglich eine zusätzliche Einkommensquelle für die Ordnungshüter. Wäre die Prostitution nicht verboten, so argumentierte Woodhull, dann würde das allen nützen: Die Frauen könnten mehr verdienen, und trotzdem würde ihre Dienstleistung für die Kunden billiger werden.

Neben Annie Wood, Josie Mansfield und anderen Frauen aus dem Rotlichtmilieu lernte Victoria Woodhull in New York aber auch noch andere Kreise kennen. James Blood knüpfte Kontakt zu Leuten aus den Reformbewegungen, Männern und Frauen mit sozialistischen, freidenkerischen, feministischen Ideen. Zum ersten Mal erlebte Victoria Woodhull hier politische, intellektuelle Debatten mit Gleichgesinnten. Themen wie freie Liebe, soziale Reformen, gesellschaftliche Utopien wurden diskutiert, und Victoria hatte einiges dazu zu sagen. Sie streckte ihre Fühler auch in Richtung Frauenbewegung aus. Im Januar 1869 fuhr sie zum nationalen Jahreskongress der Frauenrechtlerinnen nach Washington. Bei diesem Treffen sah Woodhull zum ersten Mal alle wichtigen Vorkämpferinnen der amerikanischen Frauenbewegung ›live‹: Die dreiundfünfzigjährige Elizabeth Cady-Stanton, die berühmte radikale Vordenkerin der Feministinnen und schon seit zwanzig Jahren ihre unbestrittene Anführerin. Cady-Stantons fünf Jahre jüngere Freundin und Mitstreiterin Susan B. Anthony, die fast ebenso lang an ihrer Seite gestanden hatte – die beiden traten eigentlich immer im Duo auf. Die fünfzigjährige Lucy Stone, eine entschiedene Kämpferin gegen die Sklaverei und ebenfalls von Beginn an eine Mitstreiterin der Frauenbewegung. Die Quäkerin Lucretia Mott, bereits sechsundsiebzig und ebenfalls eine Frauenrechtlerin der ersten Stunde. Die fünfundfünfzigjährige Paulina Wright Davis, Herausgeberin einer Frauenzeitung und eine bekannte Rednerin zu Frauenthemen. Die Schriftstellerin Julia Ward Howe, neunundvierzig, und Mary Livermore, ein Jahr jünger, die besonders durch ihr Engagement im Bürgerkrieg bekannt geworden war. Sie hatte sich dafür eingesetzt, dass Frauen als Krankenschwestern an der Front helfen konnten, und war deshalb mehrmals mit Präsident Lincoln zusammengetroffen.

Dass auch Victoria Woodhull an diesem Frauenkongress in Washington teilgenommen hat, weiß man nur, weil sie es irgendwie schaffte, einen Reporter des *Evening Star* dazu zu bringen, sie als »die kommende Frau« der Frauenbewegung zu rühmen. Das ist recht merkwürdig, denn sie war ja damals noch völlig unbekannt und bei dem Kongress nur Zuhörerin. Aber richtig war, dass sie eine neue Generation verkörperte. Victoria Woodhull war mit ihren dreißig Jahren viel jünger als die Kämpferinnen, die zwanzig Jahre zuvor die Frauenrechtsbewegung ins Leben gerufen hatten. Sie waren gemeinsam älter geworden, es fehlte ihnen an Nachwuchs und an frischen Ideen – vor allem jetzt, wo die politischen Entwicklungen nach dem Ende des Bürgerkrieges und der Abschaffung der Sklaverei die Frauenbewegung auf eine harte Probe stellten.

Das Hauptthema der amerikanischen Frauenbewegung war von Anfang an das Frauenwahlrecht gewesen, und zwar seit dem allerersten nationalen Frauenkongress, den Elizabeth Cady-Stanton und Lucretia Mott im Jahr 1848 in Seneca Falls/New York organisiert hatten. Von Beginn an hatten sie ihren Kampf zusammen mit der Anti-Sklaverei-Bewegung geführt, denn es gab ja ein gemeinsames Ziel: den Zugang der Ausgeschlossenen, der Frauen und der Schwarzen, zu den rechtlichen Privilegien der weißen Männer. Nun aber, Anfang 1869, drohte diese schon zwei Jahrzehnte andauernde Koalition zu zerbrechen. Nach dem Ende des Bürgerkriegs und dem Sieg der Nordstaaten über die Sklavenhalter-Staaten im Süden wurde in den politischen Gremien der USA die Einführung des Wahlrechts für afroamerikanische Männer ernsthaft diskutiert. Und die Chancen standen gut, dass es zu einer Gesetzesänderung kommen würde. Vom Frauenwahlrecht war in diesem Zusammenhang allerdings keine Rede. Trotzdem begrüßten die meisten Frauenrechtlerinnen das geplante Gesetz als einen ersten Schritt hin zu einer gerechteren Gesellschaft. Das Wahlrecht für Frauen, so meinten sie, würde dann auch irgendwann kommen.

Elizabeth Cady-Stanton und Susan Anthony hingegen lehnten das Gesetzesvorhaben zur Einführung des Wahlrechts für schwarze Männer entschieden ab. Für sie war es ein Verrat an der gemeinsamen Sache. Hatten nicht jahrelang Frauen und Schwarze Seite an Seite dagegen gekämpft, dass ihnen die bürgerlichen Rechte verweigert werden? Und nun sollten die einen zugunsten der anderen auf ihre Forderungen verzichten? Um diese Streitfrage ging es auch beim Kongress Anfang 1869. Elizabeth Cady-Stanton und Susan Anthony waren entschlossen, die Solidarität mit den Schwarzen aufzukündigen. Es sei absurd, sagte Cady-Stanton in ihrer Rede mit klar rassistischem Unterton, dass »Patrick und Sambo, die nicht einmal wissen, was der Unterschied zwischen Monarchie und Republik ist, die weder die Unabhängigkeitserklärung noch Webster's Wörterbuch lesen können, Gesetze machen sollen für Frauen wie Lucretia Mott, Ernestine L. Rose und Anna E. Dickinson« – Ernestine Rose war eine bekannte jüdische Freidenkerin und Feministin, Anna Dickinson eine einflussreiche Intellektuelle und politische Rednerin dieser Jahre. Wenn schon nicht alle Erwachsenen wählen sollten, schlug Cady-Stanton vor, dann solle das Wahlrecht wenigstens nicht von unsinnigen Kriterien wie Hautfarbe oder Geschlecht abhängen, sondern von Einkommen und Bildung.

Die Mehrheit der Frauenrechtlerinnen, vor allem die langjährigen Kämpferinnen gegen die Sklaverei, waren über so eine Argumentation entsetzt. Sie begrüßten das Wahlrecht für schwarze Männer und betonten, dass die Lebensverhältnisse der afroamerikanischen Bevölkerung um so viel schlechter wären als die der Weißen, dass sie das Wahlrecht viel dringender brauchten als weiße Frauen. Vor allem Lucy Stone, die in den Jahrzehnten zuvor eng mit Cady-Stanton zusammengearbeitet hatte, ärgerte sich über deren kompromisslose Haltung. Beide Seiten lieferten sich heftige Wortgefechte, fanden aber keine Einigung. Schließlich kam es zur Spaltung der Frauenbewegung: Im Anschluss an den Kongress organisierten Lucy Stone und Julia Ward Howe von Boston aus die ›Amerikanische Frauenwahlrechts-Vereinigung‹, während Elizabeth Cady-Stanton und Susan Anthony in New York die ›Nationale Frauenwahlrechts-Vereinigung‹ gründeten.

Victoria Woodhull kam unbeeindruckt von dem Kongress zurückt. »Stürme im Wasserglas«, urteilte sie abfällig über die Auseinandersetzungen. Sie verstand vor allem nicht, warum das Wahlrecht überhaupt eine so große Bedeutung haben sollte. Ihrer Erfahrung nach waren für die meisten Frauen brutale und verantwortungslose Ehemänner oder zu wenig Geld größere Probleme als die Frage, ob sie wählen gehen durften oder nicht. Aber es war ihr klar geworden, dass das Wahlrecht nun einmal für die organisierte Frauenbewegung das entscheidende Thema darstellte und dass kein Weg daran vorbeiführen würde, sich damit auseinanderzusetzen, wenn sie hier mitmischen wollte. Doch für welche der beiden Fraktionen sollte sie Partei ergreifen? Auf der einen Seite war Victoria Woodhull eindeutig dafür, dass schwarze Männer das Wahlrecht bekommen sollten, denn das wäre doch schon mal besser als nichts. Andererseits war ihr aber auch klar, dass Elizabeth Cady-Stanton und Susan Anthony eine radikalere Grundeinstellung hatten. Der ganze Habitus und das moralisierende Auftreten der »gemäßigten« Frauenrechtlerinnen um Lucy Stone war Victoria Woodhull zu kompromisslerisch, zu wenig kämpferisch.

Es käme also darauf an, eine eigenständige Position zur Wahlrechtsfrage zu finden, die gleichzeitig radikal war und doch pragmatisch – und eine Idee dazu, wie eine solche Position aussehen könnte, hatte Woodhull bereits auf dem Kongress selbst bekommen: Eine gewisse Virginia Minor hatte dort nämlich die Ansicht vertreten, dass die Frauen gar keine erneute Wahlrechtsänderung bräuchten, weil bereits der bestehende Gesetzestext das Wahlrecht für »alle Bürger« garantiere – und es sei dabei nicht ausdrücklich von männlichen Bürgern die Rede. Der Redebeitrag von Virgina Minor ging auf dem Kongress unter und wurde nicht weiter diskutiert. Victoria Woodhull aber merkte sich dieses Argument gut. »Visionen der Ämter, die ich eines Tages inne haben könnte, tanzten vor meinem inneren Auge«, erzählte Victoria, als sie von dem Kongress zurückkam. Keine Frage: Sie wollte eine Anführerin der Frauenbewegung werden! Irgendwie müsste sie eine Möglichkeit finden, die Aufmerksamkeit auf sich zu ziehen, sich Gehör zu verschaffen. Aber dazu würde sie Geld brauchen, und zwar viel Geld. Die bekannten Frauenrechtlerinnen schrieben Bücher, gaben Zeitungen heraus, reisten herum und trafen wichtige Leute. Das musste sie auch tun – und schon ein paar Wochen zuvor hatte Victoria eine Bekanntschaft gemacht, die ihr das vielleicht ermöglichen konnte. Denn Victoria Woodhull hatte den reichsten Mann Amerikas kennengelernt …

Cornelius Vanderbilt war der Prototyp des modernen Unternehmers, das Paradebeispiel für den amerikanischen Vom-Tellerwäscher-zum-Millionär-Typen. Sein Leben lang war er dem Trend eine Nasenlänge voraus gewesen. Vom einfachen Kapitän eines Staten-Island-Fährbootes hatte es Vanderbilt durch geschickte Geschäftsentscheidungen zum schwerreichen Magnaten gebracht. Vanderbilt war aber nicht nur ein cleverer Unternehmer, er war auch Spiritist und davon überzeugt, dass

Geister aus dem Jenseits seine Geschicke lenkten. Seine Landkäufe im Norden Manhattans – die viele seiner Zeitgenossen als Geldverschwendung belächelten – habe er nur deshalb getätigt, sagte er, weil er in einer Vision die Zukunft New Yorks gesehen hatte: eine prosperierende Stadt, die sich bis weit hoch in die 90. Straße erstreckt. Auch beim Bau seines Lieblingsprojekts, dem 1871 eingeweihten gigantischen Bahnhof am Zug-Endhaltepunkt in der 42. Straße, war er im wahrsten Sinn des Wortes visionär: Grand Central sei genauso geworden, wie es die Geister ihm gezeigt hätten. Aber nicht nur gute, sondern auch böse Geister bevölkerten Vanderbilts Welt. Ein siebenjähriger Junge, der unter den Hufen seiner Kutschpferde zu Tode gekommen war, ein Schienenarbeiter, der von einem Vanderbilt-Zug erfasst und tödlich verletzt wurde – solche Opfer suchten ihn in seinen Vorstellungen heim, und er bezahlte Heilerinnen viel Geld, wenn sie ihn davon befreiten. Seinen Frisör wies Vanderbilt an, jedes abgeschnittene Haar sofort zu verbrennen, denn er hatte Angst, jemand könnte eine Strähne davon in Ritualen der schwarzen Magie verwenden. Häufig kommunizierte er mit seiner verstorbenen Mutter, Phebe Hand Van der Bilt, die schon viele Jahre tot war und die er sehr verehrt hatte. Anstelle von Ärzten konsultierte er spiritistische Heilerinnen und Heiler. All das war damals allgemein bekannt. Und ebenso stadtbekannt wie Vanderbilts Glauben an die Geisterwelt war sein sexueller Appetit. Immer war er auf der Suche nach potenziellen Mätressen, seine ständigen sexuellen Übergriffe auf die Dienstmädchen in seinem Haushalt waren ein offenes Geheimnis und allgemeines Stadtgespräch.

Buck Claflin brauchte nur etwa einen Monat in New York, um herauszufinden, dass Cornelius Vanderbilt der ideale Kunde für seine Töchter war. Es fiel nicht einmal schwer, einen Kontakt herzustellen. Denn eine von Vanderbilts Angewohnheiten war es, jede Person, die ihn sprechen wollte, zu empfangen, ganz egal, wer es war. Natürlich wurden die meisten gleich wie-

Tennessee Claflin, 1869

der weggeschickt, aber eine Chance bekamen alle – man kann ja nie wissen, woher die nächste gute Idee kommt, pflegte Vanderbilt zu sagen.

Tennessee und Victoria nutzten ihre Chance gut. Schon beim ersten Treffen fand der alte Herr – Vanderbilt war zu dieser Zeit schon Mitte siebzig – Gefallen an den beiden Schwestern. Bald waren sie regelmäßige Gäste in Vanderbilts Haus am Washington Place, gleich um die Ecke von Great Jones Street. Besonders angetan war der Kommodore, wie er auch genannt wurde, jedoch von Tennessee – sie wurde bald seine Geliebte. Die Dienstboten mussten sich daran gewöhnen, dass Tennie morgens in Vanderbilts Bett lag oder halbnackt durch das Haus stromerte. Sie widmete sich aber nicht nur den sexuellen Bedürfnissen des Hausherrn, sondern auch seinen körperlichen Leiden, krempelte seinen Diätplan um und brachte ihn dazu, mit langen Spaziergängen etwas für die körperliche Fitness zu tun. Und während Tennie sich um das leibliche Wohlbefinden des alten Herren kümmerte, nahm sich Victoria seiner Seele an. Sie war für die spirituelle Seite zuständig, überbrachte Vanderbilt Nachrichten von dessen verstorbener Mutter, befreite ihn von seinen Schuldgefühlen und Alpträumen. Es dauerte nicht lange, da sagte sie ihm auch die Börsenkurse voraus und gab Prognosen zu seinen unternehmerischen Vorhaben ab. Und sowohl Victoria als auch Tennessee wurden für ihre Dienstleistungen gut bezahlt.

Aber zwischen Vanderbilt und den Claflin-Schwestern entstand bald schon mehr. Aus der geschäftlichen Beziehung wurde Freundschaft. Denn trotz seines Reichtums hatte sich Vanderbilt eine gewisse Unterschichtmentalität bewahrt; er war, wie ein Zeitgenosse schrieb, »derb, profan, ungebildet und außerordentlich arrogant«. Die bessere Gesellschaft vermied es, in allzu engen Kontakt mit ihm zu geraten. Zu ihren Dinners und Festen wurde er selten eingeladen. Mit seinen acht Töchtern und zwei Söhnen hatte er sich zerstritten, und auch zu seiner Frau Sophie, die im Sommer 1868 gestorben war, hatte er zuletzt kaum noch Kontakt gehabt. Tennessee und Victoria wurden für ihn zum Familienersatz. Anders als die meisten Menschen in Vanderbilts Umgebung hatten sie nämlich keine Angst vor dem Kommodore, legten keine Unterwürfigkeit an den Tag, und das schien ihm zu gefallen. Er nannte Tennie seinen »kleinen Sperling« und nahm sie sogar regelmäßig mit ins Büro – eine Ungeheuerlichkeit, nicht nur für damalige Verhältnisse. Dort, auf seinem Schoß hin und her wippend, hörte sie zu, wie er seine Geschäfte erledigte (und sie hörte gut zu). Sie las ihm aus der Zeitung vor und nannte ihn »old boy«. Vanderbilt amüsierte sich prächtig mit den beiden Schwestern. Und wenn der Kommodore sich amüsierte, war er großzügig.

Natürlich erkannte Victoria Woodhull sofort, welch einmalige Gelegenheit sich durch diesen Kontakt bot. Schon im November 1868 handelte sie als Gegenleistung für ihre Voraussagen der Börsenkurse eine prozentuale Beteiligung an Vanderbilts Aktiengewinnen aus. Außerdem hörte sie gut zu, fragte ihn über die Gepflogenheiten, Chancen und Risiken des Börsengeschäfts aus und schickte James Blood mit diesen Informationen und dem Geld, das Vanderbilt ihr und Tennie zahlte, an die Wall Street – wo sich das Geld dann auch recht erfolgreich vermehrte. Unter Woodhulls Anleitung wurden Vanderbilts finanzielle Transaktionen immer extravaganter. Im Dezember kündigte er eine Neuemission von achtzig Prozent seiner Central Pacific Railroad-Aktien an, das heißt, für jeweils fünf Aktien kamen vier neue auf den Markt – ein wahrhaft riskantes Unterfangen. Am Weihnachtsabend riet er einer jungen Witwe, die finanziellen Rat bei ihm suchte, ihr ganzes Geld in Central Pacific-Aktien anzulegen, denn »Frau Woodhull hat in Trance gesagt, dass sie steigen werden«. Am nächsten Montag öffnete die Börse bei einem Kurs von 134 Dollar und schloss bei 165 – Victorias Anteil an dem Deal soll ein Paket von 3.000 Aktien gewesen sein, im Wert von 93.000 Dollar. Gefragt, was das

Geheimnis solcher unglaublichen Geschäfte gewesen sei, riet der Kommodore seinen Konkurrenten: »Macht es wie ich: befragt die Geister.«

Gute Stimmung auch in der Great Jones Street: So viel Geld hatten die Claflins noch nie gehabt. Es wurden Möbel angeschafft, Kleider gekauft, Dienstmädchen eingestellt. Der neue Wohlstand sprach sich bald herum. Es dauerte nicht lange, und auch die älteren Schwestern Margaret Ann und Polly standen vor der Tür, samt Kindern und neuen Ehemännern. Ob es aber nur die Geister waren, die Victoria bei ihren Börsenspekulationen halfen, sei dahingestellt. Zumindest hilfreich wird auch ihre enge Bekanntschaft mit Frauen aus dem Umkreis von Annie Woods Bordell gewesen sein. Viele davon waren Kurtisanen von wichtigen Herren aus der New Yorker Finanzwelt, und sie hatten durchaus Einblick in die Geschäftsvorhaben ihrer Freier. Die Wall Street war damals noch eine reine Männerangelegenheit, Frauen hatten keinen Zutritt zur Börse und sie durften auch nicht in eigenem Namen mit Aktien handeln. Deshalb hatten diese Männer kaum Bedenken, vor einer Prostituierten offen über ihre Pläne und Vorhaben zu sprechen – es war für sie schlicht unvorstellbar, dass Frauen, zumal Huren, verstehen könnten, worum es bei diesen Gesprächen über finanzielle Dinge überhaupt ging. Das war Woodhulls Chance.

Als besonders nützlich erwies sich ihre Bekanntschaft mit Josie Mansfield, der Mätresse des Eisenbahnunternehmers Jim Fisk. Denn Fisk war einer der größten Konkurrenten Vanderbilts. Mansfield hatte ihn im November 1867 als Kunden im Bordell von Annie Wood kennengelernt. Der Großunternehmer, der für seine Großzügigkeit gegenüber Prostituierten bekannt war, verliebte sich in Josie und wollte sie zu seiner Geliebten machen. Und die verhandelte geschickt, hielt ihn so lange hin, bis das Angebot stimmte: Fisk bezahlte Mansfield eine Wohnung, gab ihr 50.000 Dollar in bar und ein Vielfaches davon in Schmuck, bevor sie sein Angebot akzeptierte. Als Victoria

Woodhull nach New York kam, gehörte Josie Mansfield zur High Society der Stadt. Sie wohnte in einem vornehmen Haus in der 32. Straße, mit reichlich Personal und allem Schnickschnack. Sie hatte Dienstboten, schöne Kleider und jeden Luxus, den man sich nur denken kann. Und sie war gut informiert über Fisks Geschäftsgeheimnisse, denn heikle Angelegenheiten besprach Fisk nicht gerne in seinem Büro oder in seiner Wohnung, sondern bei Josie Mansfield. Was er natürlich nicht wusste, war, dass sie diese Informationen, vermutlich gegen Bares, an Victoria Woodhull weitergab. Und die wiederum wusste als ›Finanzberaterin‹ von Cornelius Vanderbilt einiges damit anzufangen.

Ihren entscheidenden Coup landete Woodhull am 24. September 1869, dem Tag des größten Finanzdesasters, das Amerika bis dahin erlebt hatte: dem Zusammenbruch des Goldmarkts am »Schwarzen Freitag«. Der Hintergrund dieses Börsencrashs, der viele Aktionäre in den Ruin trieb, war folgender: Es gab damals zwei Formen von Dollars, die sogenannten »Golddollars«, also Münzen aus massivem Gold, und die sogenannten »Greenbacks«, grüne Dollarscheine aus bedrucktem Papier, deren materieller Wert gleich Null war. Diese »Greenbacks« waren Spekulationen an der Börse ebenso ausgesetzt wie Aktien. Viele hielten sie für überbewertet, so auch Jim Fisk und seine Partner. Sie erwarteten, dass der Goldpreis bald wieder deutlich ansteigen würde, und kauften deshalb im Frühjahr 1869 große Mengen an Gold. Aber diese Spekulation war nicht ganz ungefährlich, denn der amerikanische Finanzminister hatte noch 100 Millionen Golddollar in seinen Tresoren, und es bestand die Möglichkeit, dass er diese Reserven verkaufen würde, um den Wert der »Greenbacks« – also der amerikanischen Währung – zu stabilisieren. Das wollte Jim Fisk natürlich um jeden Preis verhindern und freundete sich deshalb mit Abel Corbin an, einem Schwager des amerikanischen Präsidenten Ulysses Grant. Im Sommer 1869 kauften Fisk und Partner auf den Namen von Abel Corbin und seiner Frau Jenny, der Schwester des Präsidenten, Gold im Wert von 1,5 Millionen Dollar und versprachen ihnen die Gewinne, sollte der Goldpreis steigen. Ähnliche Angebote machten sie auch hohen Beamten im Finanzministerium und im persönlichen Umfeld des Präsidenten, die das teilweise akzeptierten, teilweise ablehnten. Am 2. September besuchte Ulysses Grant seine Schwester in New York. Abel Corbin überredete den Präsidenten, eine Nachricht an den Finanzminister zu schicken und ihn anzuweisen, ohne seine persönliche Zustimmung kein Gold zu verkaufen.

Offenbar erreichte diese Information über Jim Fisk und Josie Mansfield auch Victoria Woodhull, denn nur wenige Tage später besuchte sie Cornelius Vanderbilt und gab ihm in Trance den Rat, ebenfalls Gold zu kaufen. Vanderbilt steckte seine gesamten Geldreserven in dieses Geschäft, insgesamt 9,5 Millionen Dollar, wobei er verschiedene Broker engagierte, um die Spuren zu verwischen. Aber inzwischen häuften sich die Klagen von Brokern und Geschäftsleuten der Wall Street über die Manipulationen auf dem Goldmarkt. Auch der Finanzminister bedrängte Präsident Grant, doch endlich Gold aus den Staatstresoren zu verkaufen und so die amerikanische Währung zu stabilisieren. Am 22. September erhielt Jenny Corbin einen Brief von ihrer Schwägerin, der Präsidentengattin Julia Grant, die sie warnte: »Sag Mr. Corbin, dass der Präsident sehr unter Druck ist wegen eurer Spekulationen, und dass ihr sie so schnell wie möglich beenden müsst.« Corbin verständigte Fisk und seine Freunde. Am nächsten Vormittag trafen sie sich im Haus von Josie Mansfield und planten eine Strategie. Sie entschieden, den Goldpreis auf 150 Dollar hochzutreiben und dann auf einen Schlag all ihr Gold zu verkaufen. Dazu platzierten sie anonyme Verkaufsorder bei verschiedenen Brokern.

An diesem Abend erschien Victoria Woodhull erneut bei Vanderbilt und riet ihm, sein Gold exakt bei einem Kurs von 150 Dollar zu verkaufen. Sie habe die Vision einer goldenen

Blase gesehen, die immer größer und größer wurde und schließlich platzte. Vanderbilt hörte auf Victorias Rat und beschloss, sein Gold bei 150 Doller zu verkaufen, falls der Preis überhaupt so hoch steigen würde. Und er versprach ihr für diesen Fall die Hälfte seines Gewinns. Am 24. September, einen Tag nach ihrem 31. Geburtstag, saß Victoria Woodhull mit James Blood in ihrer Kutsche draußen auf der Straße vor der New Yorker Börse und verfolgte die Entwicklung des Goldpreises, dessen Dotierungen auf der Anzeigetafel immer höher kletterten. Die Märkte schienen völlig verrückt zu spielen. Als die 150 Dollar erreicht waren, wusste Victoria, dass sie es geschafft hatte: Sie war reich.

Der Crash kam am späten Nachmittag, als die Entscheidung des Präsidenten bekannt wurde, am nächsten Tag vier Millionen Golddollar aus den staatlichen Reserven zu verkaufen. Da war der Goldkurs bereits auf sagenhafte 164 Dollar geklettert – nun stürzte er in nur einer halben Stunde auf 132 Dollar ab und damit viele Menschen in den Konkurs. Aus Brooklyn wurden Militärtruppen nach Manhattan geschickt, um einen Aufstand und Schlägereien zu verhindern. Um Mitternacht hatten bereits fünfundzwanzig Menschen Selbstmord begangen. Es wurde ein Untersuchungskomitee eingesetzt, um die Hintergründe dieses Crashs zu untersuchen, aber es kam zu dem Ergebnis, dass Präsident Grant von den Spekulationen nichts gewusst habe. Cornelius Vanderbilt hatte in weniger als einem Monat sein Vermögen um 1,3 Millionen Dollar vergrößert. Die Hälfte dieses Gewinns, eine Summe von 650.000 Dollar, gehörte nun Victoria Woodhull. Denn der Kommodore war ein Mann, der sein Wort hielt.

Als sich nun die Frage stellte, was Victoria mit ihrem neu gewonnenen Reichtum am besten anfangen sollte, lag die Antwort nahe: Warum nicht eine eigene Brokerfirma gründen und als selbstständige Unternehmerin an der Wall Street mitmischen? Über die offiziellen Börsenanalysten pflegte sich Vanderbilt mit dem Spruch lustig zu machen, man könne ebenso gut einen Affen an die Wall Street setzen, denn wenn die Öffentlichkeit nur glaubte, dass er, Vanderbilt, dessen Hintermann sei, würde der Affe mit Leichtigkeit Millionen scheffeln. Allerdings mochte ein spekulierender Affe an der Wall Street womöglich weniger Aufsehen erregt haben als – eine Frau.

Victoria Woodhull und Tennessee Claflin ließen sich davon nicht abhalten. Sie mieteten zwei Stockwerke in einem edlen Gebäude im Finanzdistrikt, dem Hoffman House, und eröffneten im Januar 1870 die Firma *Woodhull, Claflin & Co.* Das »Co.« der Firma war James Blood, der allerdings nicht Miteigentümer war, sondern Angestellter mit einem festen Monatslohn. Bloods älteren Bruder George stellten die Schwestern als Buchhalter ein. Am 19. Januar erschien in der Zeitung *Herald* folgende kleine Notiz: »Die gewöhnliche Routine an der Wall Street war heute etwas verändert durch die Anwesenheit von zwei modisch gekleideten Damen als Spekulantinnen. Nur wenige wussten, wer sie waren, außer, dass sie von Hoffman House kamen. Dass sie so viel über das Börsengeschäft wussten, hat alle erstaunt, die mit ihnen zu tun hatten. Nachdem sie einige tausend Aktien der gängigsten Firmen gekauft und andere verkauft und ihre Absicht geäußert hatten, jetzt regelmäßig an der Wall Street zugegen zu sein, gingen sie wieder.«

Mit dieser Meldung begann eine lange und gute Zusammenarbeit mit dem *Herald*, einer großen New Yorker Zeitung, die auf Börsen- und Wirtschaftsnachrichten spezialisiert war, aber auch einen politischen und gesellschaftlichen Teil hatte. Woodhull lud den Reporter zu sich ein, und einige Tage später erschien im *Herald* eine ausführliche Reportage über die Firma *Woodhull, Claflin & Co*, dazu ein Hintergrundartikel zum Thema »Frauen an der Wall Street«. Auch die anderen Zeitungen sprangen nun auf die Geschichte an. Die *Sun* widmete der neuen Firma sogar die Titelseite mit der Überschrift »Petticoats zwischen den Bullen und Bären«. Schon nach wenigen Wochen verlegten Woodhull und Claflin ihren Firmensitz in ein größeres Büro Nummer 44, Broad Street, und dieses Ereignis kündigten sie groß in den Zeitungen an. Menschentrauben drückten sich an den Fenstern die Nasen platt, um einen Blick auf die weiblichen Broker zu erhaschen. Es waren Hundertschaften der Polizei notwendig, um die Menge im Zaum zu halten.

In der New Yorker Finanzwelt stieß das neue Unternehmen keineswegs auf Ablehnung, eher wurden die beiden Jungunternehmerinnen als amüsante Kuriosität betrachtet. Die Kommentare der Zeitungen und Börsenbeobachter waren augenzwinkernd sympathisierend, die Männer an der Wall Street fühlten sich nicht bedroht. Die Medien überschlugen sich mit immer neuen Berichten. Sie beschrieben bis ins letzte Detail, wie die Damen Woodhull und Claflin morgens in ihrer offenen Kutsche ins Büro fuhren, wie sie sich teure Füllfederhalter aus Gold hinter die Ohren steckten und wie sie meist königsblaue Samtkleider trugen. Victoria und Tennessee waren »die betörenden Brokerinnen«, »die Königinnen der Finanzwelt«, »die Sensation von New York«.

Die Schwestern richteten ihre Büros opulent und kitschig ein: Da gab es alte Ölgemälde, griechische Statuen, grüne Samtsofas, ein Piano, ein Gemälde von zwei drallen Engeln, die ihre rosigen Arme um ein goldenes Kreuz schlangen – ein Interieur wie im Malzimmer einer Lady, notierte ein Reporter. Natürlich hing im Foyer ein großes Porträt von Cornelius Vanderbilt. Und ebenfalls gut sichtbar war da auf einem Schild zu lesen: »Herren tragen ihr Anliegen zügig vor und ziehen sich dann umgehend zurück.« Denn von Anfang an warben Woodhull und Claflin gezielt um weibliche Klientel. Damit erschlossen sie eine riesige Marktlücke: Frauen konnten damals noch nicht unter eigenem Namen Börsentransaktionen tätigen, deshalb mussten sich immer einen männlichen Vermittler suchen – dafür gab es bei *Woodhull, Claflin & Co.* ja James Blood. Witwen, reiche Erbinnen, Geschäftsfrauen, Hausfrauen und Dienstmädchen, die ihre

Ersparnisse unabhängig von Ehemann und Arbeitgeber anlegen wollten, vertrauten den weiblichen Finanzleuten ihr Geld an. Und die machten es ihren Kundinnen gemütlich: Ein etwas abseits gelegenes und besonders üppig eingerichtetes Büro war allein den Frauen vorbehalten, die finanziellen Rat suchten – Männer hatten keinen Zutritt. Hier gab es ausführliche Unterhaltungen, Raum für Klatsch und Tratsch, finanzielle, spirituelle und sozialpsychologische Beratung in einem, und das alles bei Champagner, Erdbeeren und Schokokonfekt. Natürlich gehörten auch Josie Mansfield, Annie Wood und andere Frauen aus dem Rotlichtmilieu zu den finanzkräftigen Kundinnen von *Woodhull, Claflin & Co.* Und sie brachten auch weiterhin nicht nur ihr Geld mit, sondern auch die Insider-Informationen aus ihren Kundenkontakten.

Geschickt nutzte Victoria Woodhull ihre neue Popularität, um sich ins Gespräch zu bringen. Jeden Samstag luden sie und Tennessee einflussreiche Menschen aus der Politik, der Finanzwelt und der Intellektuellenszene New Yorks in ihre Büroräume ein und gründeten so eine Art politischen Salon. Dazu kamen natürlich auch jede Menge Journalisten. »Wir mögen Zeitungen und Zeitungsleute«, bekräftigte Tennessee, »sie waren immer nett zu uns.« Aber vor allem Victoria war gut im Aufbau von Public Relations. Sie wusste, dass öffentliche Wirksamkeit gleichbedeutend war mit ›in der Zeitung stehen‹. Unermüdlich versorgte sie die Presse mit Nachrichten, Interviews, Hintergrundinformationen. Und es gelang den Schwestern auch immer wieder, Schlagzeilen zu machen: Als Tennessee zum Beispiel einmal einen Betrüger entlarvte, der bei *Woodhull, Claflin & Co.* einen gefälschten Scheck einreichen wollte, stand das am nächsten Tag in allen Zeitungen – und einmütig lobten die Journalisten den guten Geschäftssinn des Frauenunternehmens.

Dass sie Frauen waren, schadete Woodhull und Claflin bei ihrem Unternehmen keineswegs, im Gegenteil, es machte ihre Aktivitäten ja gerade so interessant für die Medien. Und die bei-

Zeitungs-Karikaturen: Woodhull und Claflin, von Büro und Kutsche aus die Bullen und Bären der Wall Street dirigierend.

den inszenierten ihre Weiblichkeit geschickt – mal kokettierten sie damit, mal provozierten sie. Eines Tages zum Beispiel gab Tennessee ein Interview und trug dabei kein Kleid, sondern einen Männeranzug. »Wenn Sie damit auf die Straße gehen«, warnte der Reporter, »gibt es einen Aufstand.« Offenbar verstand sie das als Aufforderung und trug von da an häufiger Männerjacken, die sie jedoch meistens mit einem langen, schwarzen Rock kombinierte, und Victoria tat es ihr gleich. Irgendwann in dieser Zeit ließen sich beide auch die Haare kurz schneiden – aus »Ungeduld über die tägliche Zeitverschwendung bei der angemessenen Haarpflege«, wie Victoria sagte. Sicher war das Ganze aber auch eine Imagefrage. Gerne ließen sich Victoria und Tennessee nun in Herrenjacken, aufrechter Haltung und kühn nach vorne schauendem Blick porträtieren.

Natürlich wurden sie von den Zeitungen auch danach gefragt, ob sie denn nun Frauenrechtlerinnen seien, ob sie für die Rechte der Frauen kämpfen wollten. »In den letzten fünfzehn Jahren«, erklärte Victoria im *Herald* mit entwaffnender Offenheit, »haben wir fast überall den Rat, die Unterstützung und die Bestätigung des anderen Geschlechts bekommen, während unser eigenes Geschlecht uns nur mit Schmutz beworfen hat. Deshalb gehören wir nicht zu denen, die glauben, dass der Grund, warum unserem Geschlecht so viele Rechte geraubt worden sind, der böse Wille der Männer ist, sondern im Gegenteil, viele Frauen sind schlecht darauf vorbereitet, den besten Gebrauch von ihren größeren Möglichkeiten zu machen. Sobald unser Geschlecht darauf eingerichtet ist, die Herausforderungen und Pflichten des Lebens auszufüllen, kann ihm das Recht dazu nicht vorenthalten werden, und wenn doch, dann sind wir die Ersten, dafür zu kämpfen, wenn es nötig ist. Ohne uns von den Männern abgrenzen zu wollen, schlagen wir eine Revolution vor, wann immer die Ketten des Konservatismus zu langsam fallen oder uns daran hindern, die Fähigkeiten auszuüben, die wir haben.«

Wie so etwas praktisch funktionierte, zeigt folgende Geschichte. Eines Abends wollten Victoria und Tennessee bei *Delmonico's*, einem noblen New Yorker Restaurant an der Ecke Wall Street und Chambers Street, zu Abend essen. Allerdings wussten sie genau, dass es damals ein ungeschriebenes Gesetz gab, wonach Frauen nach 18.00 Uhr nicht ohne männliche Begleitung in Restaurants bedient wurden. Victoria und Tennessee setzten sich trotzdem und bestellten Tomatensuppe für zwei, aber der Kellner, unsicher, was er tun sollte, rief den Besitzer. Lorenzo Delmonico ging an den Tisch der beiden und flüsterte ihnen zu: »Es hat wohl ein Irrtum vorgelegen, als man Ihnen einen Tisch gegeben hat. Wir sind davon ausgegangen, dass sich noch ein Herr zu Ihnen gesellen würde. Tun Sie doch bitte so, als würden Sie sich mit mir unterhalten, und ich bringe Sie zur Tür. Dann sieht es so aus, als hätten Sie nur mit mir sprechen wollen, und wir erregen kein Aufsehen.« Victoria erwiderte: »Kein Aufsehen erregen? Was soll das heißen?« – »Ich kann Sie hier nicht ohne einen Mann essen lassen. Das würde einen schlimmen Präzedenzfall schaffen«, antwortete Delmonico nervös. »Wir möchten Sie nicht in Verlegenheit bringen«, sagte Tennie, stand auf, verließ das Restaurant und kam im nächsten Moment mit ihrem Kutscher in seiner Livree wieder zurück, der sich, mit sichtlichem Unbehagen, mit an den Tisch setzen musste. »Und nun, Kellner«, sagte Victoria, »bringen Sie uns Tomatensuppe für drei.«

Mit ihrem neu gewonnenen Wohlstand richteten sich Victoria Woodhull und Tennessee Claflin nicht nur schicke Büros ein, sondern sie mieteten auch ein elegantes vierstöckiges Wohnhaus in der 38. Straße, in unmittelbarer Nähe zur Fifth Avenue. Sie genossen den ungewohnten Reichtum in vollen Zügen, lebten ihren Traum von Luxus aus. Orientalische Teppiche, Ölgemälde und Kronleuchter aus venezianischem Glas wurden angeschafft. Purpurner Samt, Spiegel, Mahagoniregale und riesige Kronleuchter schmückten die Räume, wenn man

Zeitungsberichten Glauben schenken will, die das Haus »Modern Palace Beautiful« tauften. Es war eine große Wohngemeinschaft: Sechzehn Menschen lebten hier – neben Victoria, Tennessee und James Blood sowie Victorias Kindern, dem inzwischen siebzehnjährigen Byron und der zehnjährigen Zulu Maud, auch die Eltern Buck und Annie, Schwester Utica, Schwester Margaret Ann mit drei Kindern sowie Schwester Polly mit Tochter Rosa und ihrem neuen Mann, einem magnetischen Heiler namens Benjamin Sparr. Und zu allem Überfluss stand dann eines Abends auch noch Canning Woodhull vor der Tür, völlig abgemagert und betrunken: Er hatte von dem plötzlichen Wohlstand seiner Ex-Frau in der Zeitung gelesen und wollte auch etwas davon abhaben. Und auch er durfte bleiben.

Bald zeigte sich allerdings, dass die vielen Zeitungsberichte über Tennessee und Victoria nicht nur von Vorteil waren, denn schließlich hatten die Claflins in verschiedenen Teilen des Landes noch einige Rechnungen offen. So wie bei einem Chicagoer Gemischtwarenhändler, dessen Anwalt nun an die Tür klopfte und von Tennie eine unbezahlte Rechnung von 125,70 Dollar eintreiben wollte. Zwar leugnete Tennessee, dieselbe Tennie C. Claflin zu sein, die in Chicago als Wunderheilerin gearbeitet hatte, trotzdem wurde sie dazu verurteilt, die Rechnung zu bezahlen. Die Claflins hatten nicht gelernt, mit so viel Geld umzugehen, und sie verprassten es in vollen Zügen. Victoria sagte einem Reporter, es koste sie 25.000 Dollar im Monat, die gesamte Familie durchzubringen. Und die blieb weiterhin chaotisch. Annie und Utica verbrachten die Nachmittage, indem sie sich mit den neuen, kostbaren Kleidern aus Victorias und Tennessees Schrank verkleideten und sich betranken, vor allem Utica, die eine starke Alkoholikerin geworden war. Wenn ihr das Bargeld ausging, brachte Annie den Schmuck ihrer Töchter ins Pfandhaus, was immer wieder heftige Streitereien zur Folge hatte. Buck kaufte sich elegante Anzüge im Stil eines Wall Street-Brokers und trieb sich in den Büros von *Woodhull, Claflin & Co.*

Zulu Maud Woodhull, ca. 1872

herum, wo er ungebetene Ratschläge erteilte und sich regelmäßig Geld, das von Geschäftsboten gebracht wurde, in die eigene Tasche steckte.

Für Victoria aber war der neu gewonnene Reichtum kein Selbstzweck. Wieder einmal war es Demosthenes, der sie daran erinnerte, dass sie zu Höherem berufen war: »Deine Arbeit soll nun beginnen«, verkündete er ihr in einer Vision. Sie sei dazu bestimmt, eine Revolution auszulösen, die Ungerechtigkeiten gegenüber Frauen zu beenden, eine politische Führerin zu werden. James Blood und Tennessee unterstützten Victoria in ihren Ambitionen. Allerdings spürte Victoria, dass sich in die mediale Aufmerksamkeit ihr gegenüber auch ein Stück Herablassung mischte. Für die Presse waren die Claflin-Schwestern »News« – amüsant, kurzzeitig sensationell, aber auch vergänglich. Die Intellektuellen und Journalisten, die zu den Empfängen bei *Woodhull, Claflin & Co.* kamen, würdigten die Schwestern zwar für ihre Unkonventionalität und ihren Mut. Und sie erkannten auch an, dass diese beiden Geschöpfe aus dem Dunstkreis des alten Exzentrikers Vanderbilt durchaus etwas auf die Beine stellten. Aber als politische Gesprächspartnerinnen nahmen sie sie wohl doch nicht wirklich ernst. Zu offensichtlich gehörten Victoria Woodhull und Tennessee Claflin einer anderen Klasse an. Und wenn man in Amerika auch bereit war, anzuerkennen, dass jemand aus der Unterschicht Geschäftssinn bewies und so zu Wohlstand kommen konnte, so hieß das noch lange nicht, dass so jemand dann auch zum Bildungsbürgertum gehörte. Tennessee war das egal. Sie genoss das neue schöne Leben und hatte keine Ambitionen, irgendjemandem etwas zu beweisen. Aber Victoria fühlte sich unter Druck gesetzt. Sie litt unter dieser unsichtbaren Grenze, die ihr den Zugang zu den wirklich wichtigen New Yorker Kreisen versperrte, und sie suchte nach Möglichkeiten, nicht nur als amüsante Gesellschafterin, sondern auch mit ihren politischen Ansichten ernst genommen zu werden.

Kurz nach der Eröffnung von *Woodhull, Claflin & Co.* führte Susan Anthony für ihre Frauenzeitung *The Revolution* ein Interview mit den neuen Brokerinnen und schrieb ein sehr wohlwollendes Porträt über die beiden Schwestern. Besonders begeistert war sie davon, dass während des Gesprächs ein Bediensteter ins Zimmer kam und den Damen einen Lunch servierte. »Ich fand zwei helle, lebhafte Geschöpfe«, schrieb sie, »voller Energie, Beharrlichkeit, Intellekt und Mut, und ich sagte mir: Hier sind die Elemente des Erfolgs.« Doch auf Anthonys Frage, ob Woodhull und Claflin sich nun auch dem Kampf für das Frauenwahlrecht anschließen wollten, bekam sie eine zurückhaltende Antwort: »Warten Sie nur, bis wir uns in unserem Geschäft richtig etabliert haben, und wir werden Ihnen schon zeigen, was wir für die Rechte unseres Geschlechtes tun.«

Victoria Woodhull wollte sich nicht einfach vor den Karren der Frauenrechtlerinnen spannen lassen, denn sie war bei wichtigen Punkten anderer Meinung: Sie lehnte deren tugendhaftes Gehabe und ihre moralische Argumentation ab, und sie war nicht überzeugt, dass das Wahlrecht die einzig entscheidende Frage war, ja, dass es hier überhaupt um Rechte ging: »Das ganze Gerede über Frauenrechte ist dummes Geschwätz«, sagte sie einem Reporter. »Frauen haben jedes Recht. Alles was sie tun müssen ist, es auszuüben. Genau das machen wir. Indem wir faktisch das Recht ausüben, unseren eigenen Geschäften nachzugehen, tun wir jeden Tag mehr für die Rechte der Frauen als papierne Tiraden und Bühnenreden in zehn Jahren.«

Statt sich den Frauenrechtlerinnen anzuschließen, wollte Woodhull sich als unabhängige politische Denkerin profilieren. Dass so etwas möglich war, hatte ja Anna Dickinson bewiesen. Victoria Woodhull musste allerdings zugeben, dass sie in vielerlei Hinsicht nicht mit Anna Dickinson konkurrieren konnte. Dickinson hatte eine gute Schulbildung, sie konnte brillant argumentieren, intellektuell anspruchsvolle Texte schreiben, eloquent formulieren. Victoria dagegen war nur drei Jahre lang sporadisch zur Schule gegangen, hatte kaum philosophische oder politische Texte gelesen, geschweige denn welche geschrieben. Sie besaß zwar Intuition, Lebenserfahrung und dezidierte Ansichten, war redegewandt und hatte eine große Ausstrahlung. Doch sie konnte keine Dichter und Philosophen zitieren, ihre Ansichten nicht mit Anspielungen auf die abendländische Geistesgeschichte oder die aktuelle politische Lage untermauern, sich nicht in ideengeschichtliche Traditionen und Schulen einordnen oder von ihnen abgrenzen. Victoria Woodhull sprach einfach eine andere Sprache – und oft fehlten ihr die Worte, um sich verständlich zu machen. Ihr war klar: Wenn sie gehört werden wollte, dann genügte es nicht, recht zu haben und von der eigenen Meinung überzeugt zu sein, sondern sie würde das auch vermitteln müssen. Sie musste die Sprache derjenigen lernen, die in der politischen Arena tonangebend waren.

Tennessee Claflin mit einer Ausgabe der Zeitung »Weekly«, ca. 1870

»HIERMIT GEBE ICH BEKANNT, DASS FRAUEN DAS WAHLRECHT HABEN«

Anfang 1870 lernte Victoria Woodhull Esther Andrews kennen, eine Spiritistin, Ärztin und Heilerin. Andrews hatte als eine der ersten Frauen in Amerika Medizin studiert und viel auf dem Gebiet der Kräuterheilkunde geforscht. Als entschiedene Gegnerin aller Versuche, bestimmte Heilmethoden per Gesetz zu verbieten und andere zu bevorzugen, trat sie für eine freie und uneingeschränkte Forschung und Ausübung der Medizin ein.

Esther Andrews wiederum war mit einem bekannten Philosophen und Freidenker verheiratet, Stephen Pearl Andrews. Es stellte sich bald heraus, dass er genau die Kenntnisse und Kontakte hatte, die Victoria Woodhull fehlten: Andrews sprach angeblich dreißig Sprachen, hatte Europa bereist und mehrere Bücher veröffentlicht. Als Victoria ihn kennenlernte, war Pearl Andrews Ende fünfzig. 1851 hatte er zusammen mit dem Anarchisten Josiah Warren eine Kommune namens »Modern Times« gegründet. Sie sollte ein Modell sein für das, was er als seine Philosophie für ein neues Zeitalter propagierte: Freie Liebe, Gemeinschaftlichkeit, persönliche Freiheit und Selbstbestimmung. Die Kommune zog eine Menge Spinner an und scheiterte, doch Andrews blieb seinen Ideen treu. Er ging nach New York, wo er eine »Liga für freie Liebe« gründete. Außerdem sammelte er einige Anhänger und Anhängerinnen um sich und bildete mit ihnen eine philosophische Gruppe namens *Pantarchy*, »gemeinsames Regieren«, die es sich zur Aufgabe machte, den Entwurf für eine Weltregierung zu erarbeiten. Und schließlich hatte Andrews Kontakt zur organisierten Arbeiterbewegung. Pearl Andrews war ein halbwegs anerkannter Wissenschaftler – sein Handbuch über die chinesische Sprache galt als akademisches Standardwerk, und er war der Erste, der in Amerika die Stenografie bekannt gemacht hatte. Er war auch ein gern gesehenes Mitglied in verschiedenen Clubs der Stadt. Aber seine politischen Überzeugungen waren so dubios und auf eine merkwürdige Weise radikal, dass er als Sonderling galt.

Andrews Hauptanliegen war das, was er »Universologie« nannte. Er glaubte eine Philosophie gefunden zu haben, die alle gesellschaftlichen Gegensätze in einer »höheren komplexen Einheit« aufhebt – Geist und Materie, Armut und Reichtum, Chaos und Ordnung, Freiheit und Sklaverei, das Gerechte und das Ungerechte, Gut und Böse. Überall sah er Analogien. Er entwickelte eine spezielle Form der Dialektik, die er in drei Schritte gliederte, »Unismus, Duismus und Trinismus«, wobei aber niemand so richtig verstand, was diese Stufen bedeuten sollten. Jedenfalls gab es Spötter, die Andrews' Gedankengebäude übersetzten als »das Surde, das Absurde, und das Absurdo-Surde«.

Pearl Andrews war sofort daran interessiert, Victoria Woodhulls politische Ambitionen zu unterstützen. Er selbst war ein etwas unbeholfen und schrullig wirkender Mann mit einer großen Nase und einem dichten Vollbart, konnte nicht gut Reden halten und kein Publikum mitreißen. Was aber, wenn eine junge, energische und hübsche Frau seine Ideen unters Volk brächte? Aber auch für Victoria Woodhull war die Bekanntschaft mit Andrews eine enorme Chance. Denn durch ihn fand sie Anschluss an politische Aktionen, und sie lernte Menschen kennen, die sie bei ihrem Vorhaben, eine größere öffentliche Rolle zu spielen, unterstützen konnten. Schon bald waren Esther und Pearl Andrews und die anderen Frauen und Männer aus der *Pantarchy*-Gruppe regelmäßige Gäste bei den abendlichen Treffen, die Woodhull und Claflin in ihren Büros oder in ihrem Wohnhaus abhielten. Und noch ein weiterer Mann war hier häufig zu Gast, der für Woodhull noch wichtig werden sollte: der republikanische Kongressabgeordnete Benjamin Butler aus Massachusetts. Butler, ein Kriegsveteran – er hatte als General die Truppen der Nordstaatler geführt, die New Orleans belagerten –, war als äußerst exzentrischer Politiker mit ebenso radikalen wie unkonventionellen Ideen und berüchtigtem Dickkopf in Washington auch als das »Beast Butler« bekannt. Er unterstützte den Achtstundentag und das Frauenwahlrecht, und man sagte ihm damals eine Affäre mit Anna Dickinson nach.

In diesem neuen Bekanntenkreis gelang es Victoria Woodhull, einen »theoretischen Überbau« zu finden, mit dem sie ihr Unbehagen an dem offiziellen Kurs der Frauenrechtsbewegung erklären konnte und mit dem es möglich war, ihre eigenen Erfahrungen als Frau aus der Unterschicht in Worte zu fassen: Während die Frauenrechtlerinnen von dem ausgingen, was Frauen fehlte – Rechte, Bildung, Fähigkeiten –, ging Victoria Woodhull von dem aus, was Frauen haben: Energie, Durchsetzungsfähigkeit und vor allem den starken Wunsch, etwas zu erreichen, etwas zu verändern. So war es jedenfalls in ihrem Leben bisher immer gewesen. Victoria hat sich nie die Frage gestellt: Was darf ich, was ist mir erlaubt? Sondern: Was will ich und wie kann ich das, was ich will, erreichen? Von Pearl Andrews lernte sie nun, dass es philosophische Theorien über den Staat und die Gesellschaft gab, die sehr gut zu dieser Haltung passten: Die Grundlage jeder Gesellschaft, erklärte Andrews, ist die Kooperation freier Individuen. Der Staat hat lediglich die Aufgabe, ihre Freiheit zu schützen, er hat ihnen keine weiteren Vorschriften zu machen. Deshalb kommt es weniger auf die Gesetze an als darauf, was die Menschen tun. Politische Teilhabe bedeutet nach der Lehre von Andrews nicht in erster Linie den passiven Besitz von Rechten, sondern vor allem die aktive Übernahme von Verantwortung.

Diese Theorie wandte Victoria Woodhull nun auf das Frauenwahlrecht an. Das eigentlich Interessante an dieser Debatte, so meint sie, sei nicht die Frage, ob das Gesetz den Frauen das Wahlrecht zugesteht oder nicht, sondern die Tatsache, dass Frauen wie sie selbst dieses Recht jetzt ausüben wollten. Es geht also nicht darum, ob Frauen wählen *dürfen* oder nicht, sondern darum, ob sie wählen *wollen* oder nicht. Victoria Woodhull forderte die Frauen auf, ihr Recht auf politische Mitbestimmung in Anspruch zu nehmen. Sie richtete sich mit ihrem Appell also nicht, wie die anderen Frauenrechtlerinnen, an die Männer (die den Frauen das Wahlrecht zugestehen sollten), sondern an die Frauen selbst.

Im April 1870 ließ Woodhull im *Herald* folgende Annonce drucken: »Während andere meines Geschlechts einen Kreuzzug gegen Gesetze führen, die die Frauen des Landes einschränken, habe ich meine persönliche Unabhängigkeit behauptet. Während andere für bessere Zeiten beteten, tat ich etwas dafür. Während andere für die Gleichheit von Frauen mit den Männern argumentierten, habe ich sie unter Beweis gestellt, indem ich eine erfolgreiche Geschäftsfrau wurde. Während andere zu zeigen versuchen, dass es keinen vernünftigen Grund gibt, warum Frauen in sozialer und politischer Hinsicht als dem Mann untergeordnet behandelt werden sollten, habe ich unerschrocken die Arena der Politik und der Wirtschaft betreten und die Rechte ausgeübt, die ich bereits besaß. Deshalb beanspruche ich für mich das Recht, für die vom Wahlrecht ausgeschlossenen Frauen des Landes zu sprechen und, im festen Glauben, dass die landläufigen Vorurteile gegen Frauen im öffentlichen Leben bald verschwinden werden, kündige ich hiermit meine Kandidatur für die Präsidentschaft an« – unterschrieben: Victoria Woodhull.

Woodhulls Ansicht, es sei wichtiger, dafür zu kämpfen, dass Frauen wählen *wollen*, als dafür, dass sie wählen *dürfen*, war keineswegs an den Haaren herbeigezogen. Denn viele Frauen waren damals vehement dagegen, dass ihre Geschlechtsgenossinnen auf dem Feld der offiziellen Politik aktiv wurden. Zum Beispiel schrieb die bekannte Ratgeber-Autorin Catharine Beecher – mit der Woodhull später noch in ganz anderem Zusammenhang aneinandergeraten sollte: »Viele intelligente und gut meinende Menschen glauben, es sei das große Heilmittel der schweren Unbilden, die unser Geschlecht unterdrücken, Frauen politische Macht und Ämter zu geben, aus ihnen eine Partei zu machen im Gerangel und im Kampf um politische Ämter, und so in dieses gefährliche Handgemenge die klare, verführerische Stärke ihres Geschlechtes zu bringen. Wer kann ohne Schrecken auf diese neue Gefahr schauen?«

Catharine Beecher hielt den Versuch der Frauen, in die Ämter und Privilegien des männlichen Teils der Gesellschaft vorzudringen, für gefährlich. Sie fürchtete, dabei könnten die weiblichen Werte und Tugenden, die sie im Interesse der Allgemeinheit für unverzichtbar hielt, verloren gehen. Ähnlich sah das ihre Schwester Harriet Beecher Stowe, die bekannte Autorin des Anti-Sklaverei-Bestsellers »Onkel Tom's Hütte«. Sie kritisierte Woodhulls Präsidentschaftskandidatur mit noch drastischeren Worten: »Wer immer auch Präsident der Vereinigten Staaten werden will, muss sich darauf einstellen, dass sein Charakter in Stücke gerissen wird, dass er verletzt, geschlagen und mit Schmutz überzogen wird von jedem unflätigen Blättchen im ganzen Land. Keine Frau, die nicht wie ein alter Putzlumpen durch jede Gosse und jedes dreckige Wasserloch gezogen werden will, würde jemals einer Kandidatur zustimmen. Es ist eine Qual, die einen Mann umbringen kann. Was für ein unverschämtes Luder von einer Frau muss das sein, die so etwas aushält, ohne dass es sie umbringt?«

Eine Mehrheit der Amerikanerinnen dachte damals so. Sie fürchteten, wenn Frauen sich auf das Gebiet der Politik begeben, dann müssten sie sich dem schlechten Stil der Männer anpassen und würden selber korrupt. Victoria Woodhull sah die Sache anders. Sie glaubte diese politische Kultur der Männer verändern zu können, indem sie in ihre Sphären vordrang. Sie war der Meinung, dass es keine feststehenden Qualitäten gibt, die man als ›männlich‹ oder ›weiblich‹ einordnen kann, sondern dass jeder Mensch, ob Frau oder Mann, selbst entscheiden muss, auf welchem Gebiet und in welcher Weise er oder sie politisch handeln will – oder auch nicht. Deshalb forderte sie auch nicht das Wahlrecht für Frauen generell, sondern wählte Formulierungen wie: »für mich und andere meines Geschlechts, die es wünschen.« Wenn erst einmal genügend Frauen ihren Wunsch nach dem Wahlrecht laut werden ließen, dann würde die politische Gleichstellung irgendwann zwangsläufig kommen, so glaubte sie.

Deshalb fand Victoria Woodhull auch die meisten Argumente überflüssig, die von den Frauenrechtlerinnen gängigerweise vorgebracht wurden, zum Beispiel dasjenige, Frauen müssten bei den Wahlen ihre Interessen vertreten können. Um als Frau die eigenen Interessen zu vertreten, gab es wahrhaft bessere Mittel als das Wahlrecht, wie Victoria Woodhull aus eigener Lebenserfahrung wusste: »Dass Frauen Geld verdienen können, ist ein besserer Schutz gegen die Tyrannei und Brutalität von Männern, als dass sie wählen können«, schrieb sie zum Beispiel. Wichtiger als die rechtliche Gleichstellung war ihr, dass sich das Zusammenleben von Frauen und Männern im Alltag ändert: »Es ist infam, zu sagen, gesellschaftliche Bedingungen, die von Frauen verlangen, sexuelle Beziehungen zu Männern einzugehen und zu unterhalten, seien eine legitime Methode, um Leben zu schützen. Frauen müssen aus ihrer Position als Dienerinnen der Leidenschaften der Männer zu deren Gleichen aufsteigen. Ihr ganzes Erziehungssystem muss geändert werden. Sie müssen trainiert werden, wie die Männer beständige und unabhängige Individuen zu werden. Sie müssen Kameradinnen der Männer aus freier Entscheidung, niemals aus Notwendigkeit sein.«

Das Projekt »Victoria for President« war sicher eine Gemeinschaftsaktion: Das Parteiprogramm, das Victoria Woodhull bald bekanntgab, deckt sich jedenfalls ziemlich stark mit den politischen Ansichten von Benjamin Butler und den philosophischen Ideen von Stephen Pearl Andrews. Vieles darin war außerordentlich weitsichtig: Achtstundentag, Abschaffung der Todesstrafe, Einrichtung eines sozialen Wohlfahrtssystems für die Armen, eine öffentliche Erziehung der Kinder, die Einrichtung eines internationalen Gerichtshofes zur Schlichtung von Konflikten zwischen verschiedenen Ländern mit einer internationalen Armee. Der Staat dürfe sich auf keine Weise einmischen in »Verträge zwischen Individuen und deren Folgen, welcher Art auch immer. Die Beziehung zwischen Personen soll nur ihrer individuellen Ehre verpflichtet sein« – im Klartext bedeutete das die Abschaffung der Ehegesetze. Auch der *Herald* unterstützte Woodhulls Kampagne: »Frau Woodhull, die Brokerin von Broad Street, proklamiert sich unabhängig von allen Wahlrechts-Teeparties und Biedermann-Vereinigungen als Kandidatin. Es kann sicherlich keine Einwände gegen eine solche Herausforderung geben, sie besitzt die Verdienste der Neuheit, Unternehmertum, Mut und Entschlossenheit. Also: Victory für Victoria 1872!« Der *Herald* gab Victoria Woodhull auch eine wöchentliche Kolumne, in der sie ihr politisches Programm ausführlicher vorstellte. Die Artikelserie erschien in siebzehn Teilen zwischen Juli und November 1870 unter dem Titel »Thesen über Arbeit und Kapitalismus«.

Victoria Woodhull trat also als Präsidentschaftskandidatin an, die sich um die sozialen und wirtschaftlichen Fragen ihrer Zeit kümmert, nicht in erster Linie um die Belange der Frauen oder gar nur um das Frauenwahlrecht. Schon jetzt schlug sie auch vor, eine neue Partei zu gründen, weil sich sowohl die Demokraten als auch die Republikaner überlebt hätten – die Demokraten, weil sie im Bürgerkrieg auf Seiten der Sklavenhalter standen, die Republikaner, weil sie ihre Stärke aus der Opposition gegen die Sklaverei bezogen und nach deren Abschaffung zum Sammelbecken für alle möglichen Überzeugungen geworden sind, ohne zu einer einheitlichen Linie finden zu können. Eine neue, dritte Partei müsse die politische Macht erobern und durch entsprechende Gesetze die Verwirklichung einer besseren Gesellschaft einleiten.

Aber Victoria Woodhull hatte viel mehr zu sagen, als der Platz in einer wöchentlichen Zeitungskolumne hergab. Schnell wurde klar: Sie brauchte eine eigene Zeitung. Geld hatte sie schließlich genug. Und so erschien am 14. Mai 1870 die erste Ausgabe von *Woodhull and Claflin's Weekly*, einer Wochenzeitung mit Victoria und Tennessee als Herausgeberinnen und Eigentümerinnen und James Blood als geschäftsführendem Redakteur. Das Motto – laut Untertitel – war »Aufwärts und vorwärts«, und im Editorial der ersten Ausgabe hieß es: »Diese Zeitung wird in erster Linie den Interessen des Volkes dienen und alle Angelegenheiten frei und ohne Vorurteile behandeln. Sie will mit aller Kraft die Präsidentschaftskandidatur von Victoria C. Woodhull unterstützen. Davon abgesehen wird sie aber von parteipolitischen oder persönlichen Erwägungen frei sein, ebenso von jedem Einfluss politischer oder sozialer Glaubensrichtungen, und wird das Wahlrecht ohne Unterscheidung des Geschlechtes verteidigen.«

Die erste Ausgabe enthielt eine Erzählung der französischen Schriftstellerin George Sand, Artikel über Frauenmode, Frauen im Gefängnis oder auch »Erziehung und Straßenreinigung«. Die *Weekly* kritisierte die polizeiliche Verfolgung der Prostitution und die Reglementierung von Bordellen sowie die ungleiche Entlohnung von Männern und Frauen. Sie berichtete über Frauencolleges, über die Zulassung von Frauen als Ärztinnen, über Frauengewerkschaften, über gesundheitsschädliche Haarfärbemittel und natürlich über die Vorträge berühmter Rednerinnen. Regelmäßig gab es auch eine Rubrik von Kurzmeldungen unter der Überschrift »Frauenangelegenheiten«, und was darunter verstanden wurde, ist ziemlich weit gefasst: Da fand sich etwa die Notiz, dass eine arme Afroamerikanerin aus New

Haven fast 3.000 Dollar stiftete, die sie mit Wasch- und Putzarbeiten mühsam verdient hatte, um einem mittellosen schwarzen Studenten das Theologiestudium an der Yale Divinity Schule zu ermöglichen – und wenn sich kein schwarzer Student fände, dann eben einem weißen. Oder die eher komische Meldung, dass junge Frauen aus einem Ort namens Selma einen Verein gegründet hätten mit dem erklärten Ziel, junge Männer davon abzubringen, Schnurrbärte zu tragen: die kitzelten so. Mutige Frauen wurden gewürdigt, wie etwa eine Mrs. Moore aus Nashville, deren Sprössling in ein tiefes Loch gefallen war: »Sie schrie und klagte nicht, sondern sprang gleich hinterher, holte ihren Sohn heraus, und anschließend, ganz nach Frauenart, schimpfte sie den Jungen kräftig aus, weil er überhaupt hineingefallen war.«

Beißende Ironie war eines der beliebtesten Stilmittel der *Weekly*: »Reverend T. de Witt Talmage sagt, dass Frauen das Recht haben, alles das zu tun, was sie gut können. Sicher; aber wenn man den Männern nur erlauben würde, das zu tun, was sie gut können, was für eine Menge armer Kerle würde dann arbeitslos werden!« Oder: »In Bristol bestrafte ein Mann seine Tochter, ein achtzehnjähriges Mädchen, weil sie mit einem jungen Verehrer ausging, den er nicht mochte. Natürlich wehrte sich das Mädchen gegen eine solche Einmischung in ihre Angelegenheiten, woraufhin der liebende Vater seiner Tochter zwei Zähne ausschlug. Das örtliche Gericht ließ den Brutalo mit einer Strafe von fünf Dollar davonkommen. Gerechtigkeit ist manchmal eine lustige Sache, in Connecticut genauso wie anderswo.«

Ein ganz wichtiges Thema war die Kritik am Alkoholismus der Männer – ein Alltagsproblem, mit dem viele Frauen, vor allem aus ärmeren Familien, zu kämpfen hatten. Die *Weekly* brachte Reportagen über neue Behandlungsformen für Alkoholismus und Ratgebertipps für Frauen, die mit einem Trinker verheiratet sind. Und sie berichtete über phantasievolle Aktionen, das Problem anzugehen. Mary Ann Cleveland aus Maquoketa/Iowa verklagte zum Beispiel zehn Saloon-Besitzer auf 5.000 Dollar Schadensersatz mit der Begründung, sie hätten ihrem Ehemann Alkohol verkauft und seien deshalb schuld, dass der die Wohnungseinrichtung demoliert hatte. Oder die Aktion von Frauen in einem kleinen Ort in Ohio: Sie versammelten sich jeden Abend in den Kneipen ihrer Stadt, setzten sich an die Tische und begannen zu stricken. Natürlich traute sich dann kaum einer ihrer Brüder und Ehemänner, dort zu saufen.

Die *Weekly* verstand sich zwar als Frauenzeitung, aber nicht in dem Sinne, dass hier nur »Frauenthemen« behandelt wurden. Die Themenpalette war so breit wie die Interessen der Herausgeberinnen – und die waren beachtlich. Natürlich durften Beiträge über Spiritismus, Trance-Zustände und magnetisches Heilen nicht fehlen, was einen Zeitgenossen zu dem Kommentar veranlasste, die Zeitung sei »in der einen Welt geschrieben und in einer anderen veröffentlicht«. Genauso wichtig waren aber auch die politischen Berichte und Kommentare, zum Beispiel über unsaubere Machenschaften bei Geschäften mit Versicherungen oder Eisenbahnaktien. Es gab Wirtschaftsberichte über »Betrügereien bei Mexikanischen Obligationen«, »Geschichte und Praktiken der Pennsylvania Railroad Company« oder die Korruption in der Verwaltung von Präsident Ulysses Grant. Immer wieder fanden sich Kommentare gegen die Todesstrafe, und schließlich gab es Platz für sozialistische Statements und Annoncen aus der Arbeiterbewegung: Zum Beispiel war die *Weekly* die erste englischsprachige Zeitung in den USA, die das kommunistische Manifest von Marx und Engels abdruckte. Jenny Marx schrieb einmal einen Bericht über die Verhältnisse in Frankreich, und ihr Vater Karl dankte den Herausgeberinnen »für die hochinteressanten Zeitungen, die Sie mir freundlicherweise zuschickten«.

Aber Victoria Woodhull und Tennessee Claflin wollten nicht nur aufklären und zur politischen Meinungsbildung beitragen, sie wollten ihre Leserinnen auch unterhalten. Also brachte das Blatt Skandalgeschichten und »Buntes«, etwa über die Eheprobleme von Schauspielerinnen, über Trennungen und Liebesgeschichten von Prominenten – immer freilich kommentiert mit den Vorstellungen von Victoria Woodhull zu diesem Thema. Da war zum Beispiel die Geschichte von David Walker, einem Sklaven, der zweiunddreißig Jahre zuvor verkauft und so von seiner Lebensgefährtin Mary Gibbs getrennt worden war. Nun hatte er sie wiedergefunden, und die beiden konnten endlich heiraten: »Er ist nun dreiundachtzig und sie ist vierundsiebzig, aber sie freuen sich noch auf viele glückliche Ehejahre«, gratulierte die *Weekly*. Jede Ausgabe brachte auch Gedichte und Kulturnachrichten, es gab Meldungen aus der Welt des Sports und sogar eine Witze-Ecke: »Sagt ein aufgeblasener Ehemann, dessen Frau ihm von hinten unverhofft einen Kuss gegeben hat: ›Madam, ich betrachte ein solches Verhalten als unangemessen.‹ Sagt die Frau: ›Entschuldigung, ich wusste nicht, dass du es warst.‹« Die Zeitung war auf gutem Papier gedruckt, übersichtlich gestaltet und hatte sechzehn Seiten. Ein Exemplar kostete zehn Cent, ein Jahresabonnement vier Dollar, alle größeren Tageszeitungen und einflussreichen Leute bekamen Freiabonnements. Während Victoria Woodhull, James Blood und Stephen Pearl Andrews die Inhalte vorgaben, unternahm Tennessee Claflin Verkaufsreisen nach Philadelphia, Washington und Baltimore, wo sie für die Zeitung warb und mit großem Geschick Werbekunden akquirierte – bald fanden sich Anzeigen von Tiffany-Uhren, Steinway-Klavieren und ähnlich bekannten Produkten im Blatt. Im Herbst 1870 hatte die *Weekly* nach eigenen Angaben bereits die ansehnliche Auflage von 20.000 Exemplaren erreicht.

Bei all dem verstand sich Victoria Woodhull nicht einfach als politische Aktivistin, die der Vielfalt der kursierenden Ideen noch ein paar weitere hinzufügte. Sie vertrat nicht einfach eine Meinung, sondern kannte die Wahrheit! Sie sprach im Auftrag eines Jenseits, war nur die Botschafterin, nicht die Schöpferin ihrer sozialen Theorien. Sie war überzeugt, dass sie der Welt etwas Neues, etwas Revolutionäres zu geben hatte, wollte den verfahrenen und sich gegenseitig blockierenden amerikanischen Reformbewegungen wieder frischen Wind einblasen. Oder, wie sie es ohne jede Bescheidenheit auch ausdrückte: »Ich bin das Evangelium.«

Da traf es sich gut, dass jemand anderes in dieser Zeit verzweifelt auf der Suche nach einem Evangelium war: Die Frauenrechtlerin Elizabeth Cady-Stanton. In ihrem Schlusswort beim Spaltungskongress der Frauenbewegung Anfang 1869 hatte sie gesagt: »Die Erfordernis der Stunde sind nicht Fragen von Land, Goldminen, Eisenbahnen oder Metallgeld, sondern ein neues Evangelium der Weiblichkeit, um Macht, Tugend, Moral und wahre Religion hervorzubringen, damit sich die Menschheit in höhere Regionen der Liebe, der Reinheit und des Denkens erhebt.« Victoria Woodhull hatte damals gut zugehört und das Jahr danach genutzt, ihre frohe Botschaft zu formulieren und in die Welt zu tragen. Für Elizabeth Cady-Stanton dagegen war diese Zeit nicht so gut verlaufen. Die Popularität der alten Vorkämpferin der Frauenbewegung sank ständig. Kaum jemand wollte ihr und Susan Anthony in ihrer kompromisslosen Ablehnung des Wahlrechts für afroamerikanische Männer folgen.

Im Januar 1871 bereitete Susan Anthony den nächsten Kongress der ›Nationalen Frauenwahlrechts-Vereinigung‹ vor, der in Washington stattfinden sollte. Er hatte nur ein Thema, nämlich »dem Kongress deutlich zu machen, dass eine 16. Wahlrechtsänderung notwendig ist« – also eine erneute Gesetzesänderung, damit nach den afroamerikanischen Männern, die seit der 14. und 15. Wahlrechtsänderung wählen konnten, nun auch die Frauen das Wahlrecht bekämen. Die Organisation des Kongresses hatte Anthony gemeinsam mit Isabella Beecher Hooker übernommen. Sie bemühte sich, möglichst jede Provokation zu vermeiden und die Veranstaltung so »respektabel« wie möglich auszurichten. Dazu lud sie prominente und unverdächtige Gäste und Redner ein wie den einflussreichen Journalisten Theodore Tilton und seine Frau Elizabeth. »Wir müssen unbedingt Tilton halten, und seine Frau auch«, schrieb sie an Susan Anthony, »unser Salon braucht ihre spröde, mütterliche, engelhafte Süße so sehr, wie unser Rednerpult ihn braucht. Diese kleinen, ruhigen, häuslichen Frauen sind heutzutage Trumpfkarten. Ich wünschte, wir hätten einen ganzen Packen davon.« Gegenüber Elizabeth Cady-Stanton ließ Hooker durchblicken, sie solle sich aufgrund ihres gesunkenen Ansehens besser zurückhalten. Cady-Stanton beschloss, in diesem Winter den Westen der Vereinigten Staaten zu bereisen und an dem Kongress gar nicht erst teilzunehmen.

Victoria Woodhull allerdings hatte sich vorgenommen, bei all dem ein Wörtchen mitzureden. Einen Tag bevor der Frauenkongress in Washington eröffnet werden sollte, erfuhren die Organisatorinnen aus der Zeitung, dass eine gewisse Frau Woodhull am nächsten Tag vor dem Rechtsausschuss des Kongresses sprechen und ein »Memorial« zu Fragen des Frauenstimmrechts verlesen werde. Natürlich war die Verwunderung groß: Wie kam diese Frau Woodhull dazu, zu ihrem Thema, dem Frauenwahlrecht, zu sprechen? Susan Anthony war sofort klar, dass das Schlagzeilen machen würde – die *Washington Press* hatte bereits angekündigt, über diesen ersten Auftritt einer Frau vor einem Kongressausschuss groß zu berichten. Susan Anthony drängte die Frauen deshalb, Kontakt mit Victoria Woodhull aufzunehmen. Aber Isabella Beecher Hooker und die anderen zögerten noch. Was wusste man schließlich über deren Herkunft? Ihre Absichten? Wer waren ihre Vorfahren? War sie ehrbar und anständig? Es war schließlich ein Mann, der die zögerlichen Damen umstimmte. Senator Samuel Pomeroy aus Kansas, bei dem Hooker in Washington wohnte, machte sich über die Vorbehalte der Frauenrechtlerinnen lustig: »Sie steht doch auf eurer Seite, oder? Männer könnten niemals politische

Parteien gründen, wenn sie von jedem Mitglied sämtliche Vorfahren und Bekannten erforschen wollten. Wenn ihr in einen Kampf ziehen wollt, müsst ihr jede Hilfe annehmen, die sich euch bietet.« Letztlich willigten die anderen in Anthonys Vorschlag ein. Sie verschoben die Eröffnung ihres Kongresses und wohnten stattdessen der Sitzung des Rechtsausschusses bei, um so vor dem Kongress und der Presse ihre Solidarität mit Victoria Woodhull zum Ausdruck zu bringen – und einen Teil der zu erwartenden Medienresonanz auf sich selbst umzuleiten.

Es war ihr Politikerfreund Benjamin Butler gewesen, der Victorias erstaunlichen Auftritt in die Wege geleitet hatte. Butler war nicht nur republikanischer Abgeordneter und Jurist, sondern auch Mitglied des Rechtsausschusses. Die beiden hatten in den vergangenen Monaten gemeinsam an einer Strategie gefeilt, wie sich Victoria Woodhull als Protagonistin der Frauenrechtsbewegung profilieren könnte. Butler hatte ihr klargemacht, dass ein Antrag auf eine 16. Wahlrechtsänderung, wie ihn die Frauenrechtlerinnen planten, im Rechtsausschuss keine Chance hätte, sondern sang- und klanglos in den Schubladen verschwinden würde. Woodhull erinnerte sich noch gut an die Rede von Virginia Minor beim Frauenrechtskongress zwei Jahre vorher: Die hatte doch argumentiert, dass das Wahlgesetz die Frauen gar nicht wirklich ausschließe, weil vom Geschlecht darin gar nicht die Rede sei? Dummerweise war inzwischen mit der 14. Wahlrechtsänderung zugunsten der afroamerikanischen Männer aber doch das Wort »männlich« in das Wahlgesetz eingefügt worden: Alle männlichen Bürger ungeachtet der Hautfarbe dürften wählen, hieß es nun dort. Aber Butler als ausgebuffter Jurist tüftelte eine Idee aus, wie das Argument doch noch vorgebracht werden könnte: 1868 war das neue US-Territorium Wyoming gegründet worden, und in seiner Verfassung gab es das Frauenwahlrecht. Im November 1870 hatten die Bürgerinnen von Wyoming bei einer Kommunalwahl tatsächlich erstmals ihre Stimme abgegeben. Nun stand aber in der amerikanischen Verfassung: »Die Bürger jedes Staates sollen zu allen Privilegien und Steuerfreiheiten berechtigt sein, die Bürger in einzelnen Staaten haben.« Und da in Wyoming die Frauen bereits gewählt hatten, folgerte Woodhull: »Solange in dieser Angelegenheit kein anderslautender Beschluss gefasst wird, hat die Frau jetzt das Wahlrecht in jedem Staat und auf jedem Gebiet dieser Union.« Diese Argumentation hatte zwar gewisse Schwächen, denn Wyoming war damals noch gar kein Bundesstaat, sondern wurde es erst 1890. Trotzdem druckte Woodhull frohgemut im *Weekly* die Schlagzeile: »Ich gebe hiermit bekannt, dass die Frauen der Vereinigten Staaten von Amerika ab sofort das Wahlrecht haben.«

Im Großen und Ganzen sind die Argumente, die Woodhull und Butler sich da ausdachten, durchaus plausibel. Schließlich war in der Verfassung der Vereinigten Staaten tatsächlich an keiner Stelle von »Männern« und »Frauen« die Rede, sondern immer von »Personen« – und niemand bezweifelte, dass Menschen beiderlei Geschlechts Personen waren, auch im 19. Jahrhundert nicht. Auch in den Wahlgesetzen war bis ins Jahr 1868 vom Geschlecht der betreffenden »Personen« nie die Rede gewesen. Solange das Wort »männlich« nicht im Gesetz stand, hatten die amerikanischen Frauen also bereits das Wahlrecht gehabt und nur – freiwillig – nicht ausgeübt. Dass sie durch die 14. Wahlrechtsänderung dann explizit ausgeschlossen wurden, war ein ungültiger, weil dem Geist der Verfassung widersprechender Akt. Und der musste nun, da Frauen wählen wollten und in Wyoming bereits gewählt hatten, einfach für ungültig erklärt werden. Diese Argumente fassten Woodhull und Butler in einem Papier zusammen, das sie unter dem Titel »Das Memorial der Victoria C. Woodhull« veröffentlichten.

Im Dezember 1870 reiste Victoria Woodhull nach Washington. Sie reichte beim Kongress eine Petition ein und forderte die Abgeordneten auf, das Wahlrecht der Frauen zu bestätigen. Gleichzeitig überreichte sie dem Senat eine Kopie ihres Memorials. Weihnachten verbrachte sie in Washington im Haus von Benjamin Butler und erhielt tatsächlich eine Einladung, ihr Memorial am 11. Januar persönlich dem Rechtsausschuss der beiden Häuser vorzustellen. So kurz nach der Winterpause war der Ausschuss nicht gerade überfüllt. Als Victoria Woodhull um zehn Uhr morgens, begleitet von Benjamin Butler und Tennessee, den Raum betrat, waren nur acht Abgeordnete anwesend. Sie zeigten sich größtenteils jovial und amüsiert, wie etwa ein gewisser Herr Eldridge aus Wisconsin, der »das Ganze als einen guten Witz zu betrachten schien und die ganze Zeit lächelte, als wollte er die Frauen in ihrer Arbeit ermutigen«, wie ein Reporter notierte. Die Herren Ausschussmitglieder saßen um einen rechteckigen Tisch, die Frauenrechtlerinnen, darunter Isabella Beecher Hooker und Susan Anthony, dahinter in der zweiten Reihe, und ganz hinten, stehend, hatten einige Journalisten Platz gefunden.

Zuerst sichtlich nervös, dann mit zunehmender Sicherheit trug Victoria Woodhull ihr Memorial vor. Im Anschluss ging Susan Anthony demonstrativ auf sie zu und gratulierte ihr – eine symbolische Geste, die besiegelte, dass Woodhull von der Frauenrechtsbewegung akzeptiert war. Isabella Beecher Hooker, die bis zum Morgen noch die größte Skeptikerin im Bezug auf eine Zusammenarbeit mit Woodhull gewesen war, zeigte sich nun vollkommen von ihr fasziniert, sowohl von ihrem Auftritt als auch von der Reaktion der Männer und von Tennessees offenbarer Bewunderung für die ältere Schwester. Hooker war jetzt, wie sie selbst später notierte, »überzeugt, dass der Himmel diese Frau geschickt hatte«.

Noch am selben Nachmittag stellte Victoria Woodhull ihr Memorial auch dem Frauenrechtskongress vor. Die Frauenrechtlerinnen bekräftigten, dass durch Woodhulls Vorstoß neuer Wind in die ganze Angelegenheit gekommen sei. Nie in ihrem zwanzigjährigen Kampf habe sie sich »so voller Leben und Hoffnung gefühlt«, jubelte Anthony. Und Isabella Hooker war zuversichtlich, dass die Frauen im Lauf eines Jahres als wahlberechtigte Bürgerinnen anerkannt wären. Von Woodhulls zweifelhafter Herkunft war nun keine Rede mehr. Die ganze Strategie wurde umgestellt. Die Vorträge, die Susan Anthony in diesem Frühjahr hielt, trugen den Titel »Die neue Situation«. Auch Elizabeth Cady-Stanton, die von den Ereignissen nur durch die Presse und durch Briefe erfuhr, war spontan begeistert: »Die ganze Art unserer Agitation wird radikal geändert«, schrieb sie an Woodhull, »Sie haben die stärksten von uns mit neuer Hoffnung und Enthusiasmus erfüllt.« Keine Frage, das hier war die neue Generation, die Zukunft der Bewegung. Die Frauen hatten auch noch einen anderen Grund, enthusiastisch zu sein: Victoria spendete ihnen nämlich die damals enorme Summe von 10.000 Dollar.

In der zweiten Februarwoche wurde Victoria Woodhull sogar zu einer Audienz bei Präsident Grant im Weißen Haus eingeladen. Er habe sie herzlich begrüßt, erzählte sie später, und mit den Worten auf den Präsidentenstuhl gezeigt: »Eines Tages wird das Ihr Stuhl sein.« Victoria war überzeugt, die Geister hätten den Präsidenten beauftragt, ihr diese Botschaft zu übermitteln. Vermutlich war es aber eher seine Frau Julia gewesen, denn sie war von Woodhulls Memorial sehr beeindruckt und hatte umgehend ihre Unterstützung zugesichert.

Gemeinsam mit einigen Frauenrechtlerinnen verbrachten Victoria Woodhull und Tennessee Claflin die nächsten Wochen in Washington, um die Entscheidung über die Petition abzuwarten. Während Victoria viel Zeit mit ihren neuen Bewunderinnen verbrachte, war Tennessee von diesen Damen aus der Mittelschicht wenig beeindruckt. Sie nahm an den nächsten Tagen nicht mehr an den Sitzungen des Frauenkongresses teil, sondern nutzte die Zeit lieber, um persönliche Beziehungen zu Kongressabgeordneten und Senatoren zu knüpfen. Victoria aber genoss die Aufmerksamkeit der angesehenen Damen. Hooker bemühte sich, Victoria Manieren beizubringen, die sie im Umgang mit höheren Kreisen brauchen würde. Briefe schrieb man doch nicht auf einfachem weißen Papier: »Verbrennen Sie das sofort!«, befahl Hooker, »ich möchte, dass Sie von nun an hübsches Briefpapier benutzen und Ihre Briefe in Umschlägen versenden. Nun, da Sie unsere allgemein anerkannte Wortführerin sind, müssen Sie in jeder Hinsicht perfekt sein, nett, elegant und anständig.«

Wenn sie nicht gerade gutes Benehmen übte, versuchte Victoria Woodhull, die eingefahrenen Geschlechtergrenzen im Kongress und im Senat aufzuweichen. Sie beantragte – vergeblich – als Herausgeberin des *Weekly* einen Platz auf den Pressebänken und weigerte sich, auf dem für Frauen reservierten Teil der Zuschauerbühne Platz zu nehmen. »Aus irgendeinem vagen und dunklen Grund«, schrieb ein verständnisloser Reporter, »wollte sie unbedingt zwischen den Männern sitzen.«

Die Petition des Woodhull-Memorials wurde schließlich im Rechtsausschuss abgelehnt. Wenn das Recht der Frauen, an Wahlen teilzunehmen, tatsächlich bestehe, so die offizielle Begründung, dann müsse das gerichtlich festgestellt werden, und es sei nicht Sache des Rechtsausschusses, sich damit zu befassen. Immerhin gab es ein ausführliches Minderheitsvotum von Benjamin Butler und William Loughridge.

»JA, ICH BIN EINE ANHÄNGERIN DER FREIEN LIEBE«

Es stellte sich bald heraus, dass Victoria Woodhull als Rednerin beim Publikum gut ankam. Im Frühjahr 1871 hielt sie mehrere Vorträge in New York, in Philadelphia, in Brooklyn und in Boston. War sie bei ihren ersten öffentlichen Auftritten vor dem Rechtsausschuss und beim Frauenkongress in Washington noch nervös gewesen, so wurden ihre Reden nun immer professioneller. Benjamin Butler hatte ihr dazu einige mehr oder weniger nützliche Tipps gegeben: Niemals während des Vortrags trinken, denn das sieht so aus, als ob man selbst nicht ganz hundertprozentig bei der Sache ist. Nicht an Eigenwerbung sparen und Manuskripte der Rede immer vorab an die Presse verteilen, denn das verringert die Wahrscheinlichkeit, falsch verstanden oder zitiert zu werden. Aber die stärkste Wirkung hatte Victorias persönliche Präsenz. Immer wieder beschrieben Reporter ihre Schönheit, ihre ausdrucksstarken Augen, ihre angenehme Stimme – das Wort des 19. Jahrhunderts für ihre Erscheinung war: »magnetisch«.

Aber trotz aller Euphorie über den frischen Wind, den Victoria Woodhull in die Frauenbewegung gebracht hatte, meldeten sich auch Gegnerinnen ihres Memorials zu Wort. Eintausend Frauen, darunter viele Ehegattinnen von Senatoren und Kongressabgeordneten, reichten als Reaktion auf ihre Rede im Kongress eine Gegen-Petition ein. Sie begründeten ihre Ablehnung des Frauenwahlrechts damit, dass »die Heilige Schrift für Frauen eine höhere Sphäre vorsieht, die von der des öffentlichen Lebens getrennt ist«, und dass sie ohnehin »als Frauen eine große Fülle von Pflichten, Aufgaben und Verantwortlichkeiten vorfinden und nicht bereit sind, zusätzliche Lasten auf sich zu nehmen, die für ihre physische Konstitution unpassend sind.« Im *Weekly* schreibt Woodhull dazu nur: »Sollen doch diese Soldatinnen eines Krieges gegen die Frauenrechte unter der Knechtschaft der Männer bleiben, lasst sie dort bleiben und den Schmutz von den Füßen ihrer Unterdrücker lecken, aber lasst nicht zu, dass sie die große und erhabene Mehrheit von Frauen behindern, die die Freiheit und die vollen Rechte der amerikanischen Staatsbürgerschaft vorziehen.«

Selbst unter den Frauenrechtlerinnen, die für das Wahlrecht kämpften, fanden Woodhulls Memorial und vor allem die darauffolgende Neuorientierung der radikaleren Frauenrechtsbewegung keine ungeteilte Zustimmung. Für die Gegnerinnen von Elizabeth Cady-Stanton und Susan Anthony bot deren Allianz mit Woodhull einen weiteren Angriffspunkt. Denn Victoria Woodhull war eben nicht »respektabel«, wie es damals hieß. Mary Livermore, eine der führenden Persönlichkeiten der gegnerischen »Amerikanischen Frauenwahlrechts-Vereinigung«, hatte in Chicago Gerüchte über das frühere Leben des Claflin-Clans gehört. Die Zeitung *Women's Journal* kritisierte die Zusammenarbeit mit einer so dubiosen Person wie Woodhull und zitierte Mary Livermore mit den Worten »Ihre Hände sind schmutzig«.

Aber auch andere Zeitungen interessierten sich jetzt, nachdem Victoria Woodhull im Rampenlicht der Politik stand, für die Vorgeschichte der Claflins. Und anders als bei der Eröffnung ihrer Brokerfirma, fielen die Berichte nun eher negativ aus. Die Presse stand Woodhulls politischem Engagement sehr viel kritischer gegenüber als ihren unternehmerischen Aktivitäten. Gerüchte kamen in Umlauf über Bordelle, Scharlatanerie, dubiose Geschäftspraktiken und eine zwielichtige Vergangenheit. Der soziale Aufstieg der Schwestern aus der Unterschicht, ein Jahr zuvor noch eine amüsante Episode an der Wall Street, wandelte sich nun zu einer Diskussion über weibliche »Respektabilität«: Wie tugendhaft muss eine Frau sein, die sich politisch zu Wort meldet? Als Firmengründerin und Unternehmerin war es Victoria Woodhull erlaubt, exzentrische und ungewöhnliche Ansichten zu vertreten. Als Politikerin aber, als Frau, die eine führende Rolle in den amerikanischen Reformbewegungen beanspruchte, geriet sie auf den Prüfstand: War sie tragbar? War sie sauber? Man muss sich diese Diskussionen wohl so ähnlich vorstellen wie 1998 die Aufregung über den amerikanischen Präsidenten Bill Clinton und seine Affäre mit einer Praktikantin. Wie bei Clinton gab es auch bei der Kontroverse um Victoria Woodhull solche, denen es tatsächlich um moralische Integrität ging, aber eben auch andere, die diese Vorwürfe für ihre eigenen Karrieren und politischen Absichten benutzten. Und es gab ja einige Punkte in Victorias Vergangenheit, aber auch in ihren politischen Ansichten, die sie angreifbar machten. Die radikalen sozialistischen und anarchistischen Artikel des *Weekly* zum Beispiel, die bis dahin als exotische und unbedeutende Randnotizen geduldet worden waren, wurden nun zum Gegenstand der Polemik in großen Zeitungen und konnten herangezogen werden, um die Kritik an Woodhulls Person zu untermauern. Dass sie die klassischen Rollenmuster durchbrach, dass sie sich über angesehene Leute aus dem intellektuellen Amerika lustig machte, das konnte für eine exzentrische Unternehmerin noch angehen. Wenn sie daraus aber ein politisches Programm machen wollte, dann musste man sie in die Schranken weisen. Immer häufiger wurde Victoria Woodhull nun auch Ehrgeiz vorgeworfen, was für eine anständige Frau damals eine schreckliche Eigenschaft war. Männer kritisierten sie, weil sie die männlichen Privilegien in Frage stellte, Frauen, weil sie sich weigerte, das zu verkörpern, was die Mehrheit der Frauen als »Weiblichkeit« definierte und von ihresgleichen einforderte.

Besonders aktiv in dem Bemühen, die Frauenrechtlerinnen von einer Zusammenarbeit mit Victoria Woodhull abzubringen, waren die älteren Geschwister von Isabella Beecher Hooker, Harriet, Catharine und Henry. Die Beechers waren damals eine der einflussreichsten Familien in Amerika, gewissermaßen die Tugendwächter der Nation. Eine allgemein verbreitete Redensart lautete, es gebe drei Klassen von Menschen, »the good, the bad, and the Beechers« – die Guten, die Schlechten und die Beechers. Die Beechers standen über jedem Urteil, sie verkörperten die Moral schlechthin. Und das nicht etwa deshalb, weil sie besonders konservativ gewesen wären, im Gegenteil. Die Beechers waren allesamt reformorientiert, liberal, fortschrittlich. Die Bekannteste von ihnen war Harriet Beecher Stowe, die den Anti-Sklaverei-Bestseller »Onkel Toms Hütte« geschrieben hatte. Catharine, die älteste Beecher-Schwester, hatte sich als Schulleiterin und als Autorin von weit verbreiteten Haushalts-Ratgebern einen Namen gemacht. Und Henry Ward Beecher zog als Prediger an der Plymouth Church in Brooklyn tausende in seine Gottesdienste – sonntagmorgens fuhren eigens Fähren von Manhattan nach Brooklyn, die sogenannten Beecher-Ferries, um die Menschenmassen zu seiner Kirche zu bringen. Die Beechers standen für das fortschrittliche, liberale Amerika.

Der damals achtundfünfzigjährige Henry Ward Beecher war ein hübscher, sinnlicher Mann mit großem Charisma und hedonistischer Veranlagung, einer Vorliebe für schöne Kleidung, Blumen, Bequemlichkeit und Frauen. Es war allgemein bekannt, dass Beecher, obgleich verheiratet und Vater einer vielköpfigen Kinderschar, mit einigen seiner weiblichen Gemeindemitglieder sexuelle Beziehungen unterhielt. Gefördert wurde Beecher von Henry Bowen, dem mächtigen Eigentümer des *Independent*, einer sehr populären und einflussreichen religiös-politischen Zeitung. Bowen hatte Beecher 1847 das Amt des Predigers von Plymouth Church verschafft, und die riesigen Summen an Kirchenbeiträgen, die die Gläubigen der Gemeinde bezahlten, bezeugten, dass dies eine sehr gute Investition gewesen war. Beecher war Bowens wichtigste Einkommensquelle geworden, und deshalb hatte Beecher Macht. Und diese Macht der Beechers bekam Victoria Woodhull nun zu spüren. Auf Harriets Bitte hin schrieb Henry im Frühjahr 1871 einen Brief an seine Schwester Isabella Beecher Hooker, in dem er sie aufforderte, ihre Verbindung zu dieser »Pseudobankerin«, deren Meinungen »unnormal und gefährlich« seien, zu lösen. Catharine Beecher und eine weitere Schwester, Mary Perkins, schrieben ähnliche Briefe an Isabella. Schließlich verfasste auch Harriet einen langen Brief und informierte ihre jüngste Schwester über Gerüchte, die ihr über Tennessee Claflins Vergangenheit als Scharlatanin zu Ohren gekommen waren. Isabella ließ sich nicht vom Glauben an Victorias »Reinheit« abbringen. Sie war aber doch besorgt und schrieb an Susan Anthony: »Meine Schwestern haben mich mit ihren Briefen fast verrückt gemacht. Es ist mir noch nie in meinem Leben so schwer gefallen, zu einem Urteil zu kommen, und immer noch tendiere ich dazu, an ihre Unschuld und Reinheit zu glauben. Ich hoffe, Sie schicken dies an Frau Stanton, sie wird in der Lage sein, Erkundigungen über diese mysteriöse Familie einzuziehen. Von Tennie C. höre ich die schrecklichsten Geschichten – und doch hat sie das Gesicht eines süßen, unschuldigen Kindes.«

Susan Anthony und Elizabeth Cady-Stanton waren allerdings der Meinung, dass es nicht darum gehe, ein moralisches Urteil über Victoria Woodhull zu fällen. Cady-Stantons Antwort an Isabella lautete daher: »Wenn wir anfangen, in der Vergangenheit von denen herumzuschnüffeln, die ihren Kopf und ihr Geld in unsere Arbeit für das Frauenwahlrecht einbringen, dann sollte es erst mal die der Männer sein, nicht die der Frauen. Wir werden nichts gegen Mrs. Woodhull unternehmen, bevor nicht jeder Klatsch, der über Beecher, Pomeroy, Butler oder Carpenter in Umlauf ist, bis ins Letzte untersucht wurde und jeder von ihnen zu ihrer und unserer Befriedigung bewiesen hat, dass er niemals mit irgendeiner Frau geflirtet oder herumgetändelt hat.«

Victoria Woodhull, ca. 1871

Aber nicht nur Woodhulls zweifelhafte Moral, auch ihre Nähe zur Arbeiterbewegung trug zur Verunsicherung der Frauenrechtlerinnen bei. Denn der Sozialismus hatte damals eine äußerst schlechte Presse, war ein Schreckgespenst für Chaos, Umsturz, Revolution, vor allem, seit es im März 1871 in Paris zu einem Aufstand und der Gründung einer sozialistischen Regierung gekommen war, der sogenannten ›Pariser Kommune‹, die im Mai von Regierungstruppen blutig niedergeschlagen wurde. Die bürgerlichen Zeitungen sahen in der Arbeiterbewegung die Drahtzieher dieser Ereignisse und witterten die Vorboten für eine sozialistische Revolution. Sie unterstützten das brutale Vorgehen gegen die Aufrührer und Aufrührerinnen.

Lediglich das *Woodhull and Claflin's Weekly* vertrat eine andere Ansicht und unterstützte die ›Kommune‹. Victoria Woodhull finanzierte den Druck und die Verbreitung der englischen Übersetzung von Marx' Artikel »Der Bürgerkrieg in Frankreich«, in dem er die ›Pariser Kommune‹ kommentiert. In der Rubrik »Frauenangelegenheiten« wurde über die Frauen in der ›Kommune‹ berichtet, und ausgerechnet auf dem Höhepunkt der bürgerlichen ›Kommune‹-Hysterie und nur wenige Tage vor den Jahreskongressen der beiden konkurrierenden Frauenrechts-Vereinigungen, nämlich am 8. Mai 1871, hielt Victoria Woodhull eine Rede vor der ›Liga für Arbeitsreform‹ am Cooper Institute in New York. Hier machte sie nicht nur den männlichen Sozialisten und Gewerkschaftern klar, dass die Frage der politischen Rechte für Frauen wesentlich für jede Reformbewegung ist, sondern forderte auch, Wirtschaftsmonopole abzuschaffen, die korrupten öffentlichen Verwaltungen neu zu organisieren, die ausufernden Gewinne der Banken zu beschneiden und überhaupt der »ungerechten Verteilung der materiellen Güter« ein Ende zu bereiten. Diese Verknüpfung von sozialistischen und feministischen Ideen hat vielen Frauenrechtlerinnen nicht gefallen.

Und noch von einer anderen Seite drohte Victoria Woodhull

nun Ungemach: In dem Versuch, an Geld zu kommen, hatte Mutter Annie einen Erpresserbrief an Cornelius Vanderbilt geschrieben. Die Angelegenheit war heikel: Vanderbilt war schließlich nicht irgendwer. Es war höchst gefährlich, sich mit ihm anzulegen. Tennessee platzte der Kragen – sie setzte ihre Eltern und Geschwister kurzerhand vor die Tür. Sie miete ihnen eine Wohnung, aber in ihrem eigenen Haus wolle sie sie nicht mehr sehen, erklärte sie kategorisch. Doch der Schaden war angerichtet: Vanderbilt, empört über Annies Brief und selbst ein Hitzkopf, brach nun jede Verbindung zu den Claflin-Schwestern ab. Dazu kamen weitere Sensationsberichte in den Medien über die Vergangenheit der Clafins, auch Gerüchte darüber, dass dabei Prostitution im Spiel gewesen war.

Aber die Angriffe weckten den kämpferischen Geist der Frauenrechtlerinnen, jetzt ging es ihnen mehr denn je ums Prinzip. Susan Anthony schrieb: »Ich würde jede Prostituierte, die ich finden kann, bei der Hand nehmen, wenn sie den Ungerechtigkeiten dieses Gesetzes entkommen will, das das ganze weibliche Geschlecht der Gnade der Männer ausliefert.« Elizabeth Cady-Stanton war so wütend über die Verleumdungen, dass sie vor Victoria persönliche Dinge ausplauderte, die sie von den ach so moralischen Herren und Damen der gegnerischen Seite wusste: Von dem schon seit Jahren andauernden Verhältnis, das Henry Blackwell, der Ehemann von Lucy Stone, mit einer gewissen Abby Patton hatte. Von dem Gerücht, Mary Livermore würde bald ihren Mann verlassen. Und natürlich auch von dem ehrenwerten Prediger Beecher und seinen außerehelichen Eskapaden, deren pikanteste sein Dauerverhältnis mit Lib Tilton war, der Ehefrau des ebenfalls sehr prominenten Journalisten Theodore Tilton.

Woodhull ging in die Offensive: Bald druckten die *World* und die *Times* einen offenen Brief von ihr ab, in dem sie schreibt: »Weil ich eine Frau bin und weil ich in vollem Bewusstsein Meinungen vertrete, die sich von der selbsternannten Orthodoxie unterscheiden, deren Unterstützung Männer für sich vorteilhaft finden, fällt mich diese selbsternannte Orthodoxie an, schmäht mich und bemüht sich, mein Leben mit Lächerlichkeit und Unehre zu überziehen. Ich habe nicht vor, mich zum Sündenbock und zum Bauernopfer einer Gesellschaft machen zu lassen, und schon gar nicht von denen, die die Fäulnis ihres eigenen Lebens und ihrer schmutzigen Gedanken mit einem heuchlerischen Mantel billiger Bekenntnisse bedecken, und die nur die öffentliche Aufmerksamkeit von sich selbst ablenken wollen, indem sie mit dem Finger auf mich zeigen. Ich glaube an den Spiritismus. Ich vertrete die freie Liebe in ihrer höchsten, reinsten Bedeutung als die einzige Heilung von der Unmoral, die die Menschen korrumpiert und die Gottes heiligste Institution, die Beziehung der Geschlechter, entstellt.«

Und sie lässt auch keinen Zweifel daran, wen speziell sie dabei im Blick hat: »Meine Richter predigen öffentlich gegen freie Liebe, während sie sie im Geheimen selbst praktizieren. Zum Beispiel weiß ich von einem Mann in einer benachbarten Stadt, einer Person des öffentlichen Lebens von einiger Bedeutung, der in einem ehebrecherischen Verhältnis mit der Frau einer anderen Person des öffentlichen Lebens von fast ebensolcher Bedeutung lebt. Alle drei eifern um die Wette, wenn es darum geht, öffentlich jeden Bruch der Moral anzuprangern. ›Heuchelei ist der Tribut, den die Sünde der Tugend zahlt‹, sagt man. Das mag sein. Aber ich bin nicht willens, hier als abschreckendes Beispiel zu dienen.«

Einen Tag später tauchte Theodore Tilton an Woodhulls Haustür auf und schlug Victoria einen Handel vor: Natürlich könne er als Mann von Einfluss und als Chefredakteur einer wichtigen Zeitung ihr von Nutzen sein – vorausgesetzt, sie hielte sich mit weiteren Anschuldigungen zurück. Tilton lud Woodhull zu sich nach Hause ein, damit sie Lib kennenlernte. Sie sprachen über Frauenrechte, Spiritismus und freie Liebe. Woodhull erklärte den Tiltons, das Problem sei nicht Libs Affäre mit

Beecher, sondern die »falschen sozialen Institutionen, unter denen wir leben«. Auch Frank Moulton, ein Freund Tiltons und führendes Mitglied von Plymouth Church, machte Victorias Bekanntschaft. Er war überrascht von ihrer »unerwarteten Bescheidenheit« und wollte, dass auch seine Frau Emma Victoria Woodhull kennenlernte. Dieser Bekanntenkreis als solcher trug schon einiges dazu bei, Woodhulls soziales Ansehen zu erhöhen, und sie verzichtete vorerst auf weitere Enthüllungen. Außerdem entwickelte sich zwischen ihr und dem hübschen fünfunddreißigjährigen Tilton mehr als ein Handel: Die beiden verliebten sich ineinander. Tilton, so zeitgenössische Beschreibungen, war »der perfekte Adonis, in den sich jede Frau mit Gefühl und Bildung auf der Stelle verlieben würde«, »der unbestreitbar beliebteste junge Mann in Amerika«.

Theodore Tilton wurde in diesem Sommer 1871 einer der eifrigsten Verteidiger von Victoria Woodhull. In seiner Zeitung *Golden Age* schrieb er: »Sie kann reiten wie ein Indianer, auf Bäume klettern wie ein Sportler, sie kann schwimmen, ein Boot rudern, Billard spielen und tanzen. Und schließlich, als Krone ihrer körperlichen Tugenden: Sie kann den ganzen Tag lang gehen wie eine Engländerin.« Tilton lieh Victoria Woodhull die Eloquenz seiner Feder auch in anderer Hinsicht. Er schrieb das Woodhull-Memorial so um, dass es besser verständlich war, und verfasste eine Biografie über sie, oder anders gesagt: Er formulierte ihre Autobiografie aus, wobei er sich auf Notizen stützte, die James Blood bereits angefertigt hatte. Der bewährte sich in jenen Monaten als ernsthafter Anhänger seiner Theorien: Offenbar hatte er keinerlei Einwände gegen die Affäre. Nächtelang erzählte Victoria ihrem neuen Liebhaber die Geschichte ihrer Kindheit und Jugend. Teile davon waren wahr, andere reine Erfindung, aber Tilton notierte alles. Die größten Schwierigkeiten bereiteten dem aufgeklärten, rationalen Intellektuellen dabei Victorias spiritistische Visionen, die Rolle, die die Geister bei ihrer Karriere spielten. Er sträubte und zierte sich, aber

Victoria blieb hart: Ein Buch über sie zu schreiben und dabei den Spiritismus auszuklammern, das wäre »dasselbe, als wollte man Hamlet schreiben und den Geist des Vaters weglassen«. Den ganzen Sommer über waren die beiden ein Liebespaar. Sie verbrachten die meisten Nächte auf dem kühlen Dach von Victorias Haus, gingen in Coney Island schwimmen und ruderten im Central Park.

Victoria Woodhull ging in diesem Sommer aber keineswegs nur in ihrer Liebesbeziehung zu Tilton und der Arbeit an ihrer Biografie auf. Nachdem ihr Verhältnis zu den Frauenrechtlerinnen schwierig geworden war, engagierte sie sich jetzt noch stärker in der Arbeiterbewegung. Sie glaubte, dass es dort wichtigere Kooperationspartner für die Zukunft ihrer politischen Ansichten gab. Der Sozialismus hatte ein umfassenderes Programm für soziale Reformen als die Frauenrechtlerinnen, die sich nur auf das Frauenwahlrecht beschränkten. In der Arbeiterbewegung ging es um soziale Fragen in einem weiteren Sinn, um das Problem der Armut, Bildung, Gesundheitsfragen, politische Mitbestimmung, die Wirtschaft. Hier war auch Victorias einfache Herkunft keine Schande, im Gegenteil, so wies sie sich doch als authentische Vertreterin des Proletariats aus. Außerdem war die Arbeiterbewegung international vernetzt, hatte ihre Wurzeln in Europa, was nicht nur Victorias Vorstellungen von einer weltweiten Ausrichtung der Politik entgegen kam, sondern auch eine größere Unabhängigkeit von nationalen amerikanischen Befindlichkeiten gewährleistete. Victoria Woodhull schloss sich der ›Ersten Internationale‹ an, dem 1864 in London gegründeten Dachverband der europäischen Arbeiterbewegung. Die berühmtesten Mitglieder der ›Internationale‹ waren die deutschen Kommunisten Karl Marx und Friedrich Engels sowie der russische Anarchist Michael Bakunin.

In den USA war es der ›Internationale‹ bis dahin kaum gelungen, Fuß zu fassen. Nur die europäischen Einwanderer hatten in einigen amerikanischen Großstädten kleine ›Internationale‹-Sektionen gegründet, meistens nach Nationalitäten organisiert. Viele ihrer Mitglieder sprachen nicht einmal Englisch. Erst im Frühjahr 1871, im Zusammenhang mit der ›Pariser Kommune‹, rückte die ›Internationale‹ auch in Amerika ins Rampenlicht, denn man war allgemein der Meinung, die Organisation sei der eigentliche Drahtzieher hinter diesem Aufstand in Frankreich. Vielleicht wollten sie diese Aufmerksamkeit ausnutzen, jedenfalls gründeten Victoria Woodhull, Tennessee Claflin, Pearl Andrews und weitere Freundinnen und Freunde gleich zwei Sektionen der ›Internationale‹, die New Yorker Sektionen 9 und 12. Es waren die ersten in den USA, die auch tatsächlich amerikanische Mitglieder hatten. Beide Sektionen entsandten umgehend Delegierte in das New Yorker Zentralkomitee.

Natürlich berichtete *Woodhull and Claflin's Weekly* ausführlich darüber und griff in den folgenden Monaten immer wieder Themen aus dem Bereich der ›Internationale‹ und der Arbeiterbewegung auf. Es war aber keineswegs so, dass sich Victoria Woodhull der ›Internationale‹ einfach nur anschloss; viel eher wollte sie, dass die ›Internationale‹ sich *ihr* anschloss. Sie verstand die Arbeiterbewegung als eine weitere Plattform, um ihre politischen Überzeugungen zu verbreiten. Entsprechend sah auch das Programm der Sektion 12 aus: »Das Endziel der Internationale ist einfach, den männlichen und weiblichen Arbeiter durch Eroberung der politischen Macht zu emanzipieren. Es schließt ein: zuerst die politische Gleichheit und soziale Freiheit beider Geschlechter. Soziale Freiheit bedeutet vollständige Sicherstellung vor aller und jeder ungehörigen Einmischung in alle Angelegenheiten rein persönlicher Natur, zum Beispiel religiöse Überzeugung, das Geschlechtsverhältnis, Kleidertracht usw.« Dieses Programm entsprach allerdings keineswegs den Vorstellungen andere ›Internationale‹-Sektionen in New York, und es kam schon bald zu einem offenen Streit vor allem zwischen der deutschen Sektion und der Gruppe um Woodhull.

Auch ihren Kampf für das Frauenwahlrecht und die Präsidentschaftskandidatur verlor Woodhull nicht aus den Augen. Im November 1871 standen in New York Kommunalwahlen an, wofür sich alle Wahlberechtigten zunächst registrieren lassen mussten. Victoria und Tennessee beschlossen, ein Exempel zu statuieren und auf ihrem Wahlrecht zu bestehen. Tatsächlich wurden ihre Namen ohne weiteres in die Liste der registrierten Wahlberechtigten aufgenommen. Vier Tage später, am Tag der eigentlichen Wahlen, versammelte sich ein Dutzend Frauen bei den Schwestern zu Hause, um gemeinsam wählen zu gehen. Natürlich hatten sie auch die Presse von ihrem Vorhaben informiert, und verschiedene New Yorker Zeitungen berichteten darüber. Der Wahlleiter weigerte sich erwartungsgemäß, die Stimmzettel der Frauen anzunehmen, und es kam zu einem juristischen Disput zwischen ihm und den Schwestern, der am nächsten Tag vollständig in den Zeitungen wiedergegeben wurde. Aus der Ablehnung ihres Stimmzettels machten Woodhull und Claflin dann eine Klage gegen den Staat New York, die Reymart vor Gericht einbrachte.

Unterdessen gingen die Angriffe der konservativeren Frauenrechtlerinnen gegen Victoria Woodhull weiter, besonders von Harriet Beecher Stowe und Catharine Beecher. Als berühmte Schriftstellerin, deren Texte überall bereitwillig abgedruckt wurden, schrieb Harriet für die auflagenstarke Zeitung *The Christian Union* einen fiktiven, humoristischen Fortsetzungsroman mit dem Titel »Meine Ehefrau und ich«, in dem sie Victoria Woodhull in der Figur der skrupellosen Abenteuerin und Zeitungsbesitzerin Audacia Dangyereyes karikierte. Die geschilderten Begebenheiten hielten sich so nah an die Realität, dass kein Zweifel bestehen konnte, wer die Vorlage für diese Hauptfigur war und was Harriet Beecher Stowe von ihr hielt: Audacia rauchte, trank, verhielt sich sexuell freizügig und attackierte »Christentum, Ehe, Familie und alle menschlichen Gesetze und Ordnungen«. Und ihre Zeitung war eine Ansammlung »der wildesten Prinzipien des modernen französischen Kommunismus« und »von derselben Art Schreibe, die den Pöbel Frankreichs indoktriniert hat«. Von den dauernden Angriffen der Beecher-Schwestern verärgert, beschloss Victoria Woodhull, mit Henry Ward Beecher direkt zu verhandeln: Sie wollte, dass er seine Schwestern dazu brachte, ihre Angriffe einzustellen, und sie wollte, dass er selbst etwas von dem Schaden, den sie angerichtet hatten, wieder gutmachte. Der berühmte Prediger aber ließ sich trotz mehrerer Überredungsversuche von Seiten Tiltons und Moultons nicht dazu bringen, mit Victoria Woodhull zu sprechen oder sie gar öffentlich zu unterstützen. Aber Victoria ließ sich nicht hinhalten. Bald erschien erneut ein Artikel in *Woodhull and Claflin's Weekly*, in dem zu lesen war: »Gegenwärtig werden herkulische Anstrengungen unternommen, um den erschreckendsten Skandal zu vertuschen, der jemals eine Gemeinschaft in Staunen versetzt und erschüttert hat. Es geht dabei um abgelegte Ehemänner, Ehefrauen und Geliebte, uns sind die Daten, Umstände und Orte bekannt.«

Im November 1871 kam es dann zur Eskalation. Victoria Woodhull hatte vor, eine Rede in Steinway Hall über »soziale Freiheit« zu halten, und sie wollte, dass Henry Ward Beecher dort ein paar einführende Worte für sie sprechen würde – und setzte ihn offen unter Druck, sie bei ihrem Appell für »freie Liebe« öffentlich zu unterstützen.

Der Begriff »freie Liebe« war keineswegs neu, sondern eine gängige Bezeichnung für frühsozialistische Theorien. »Freie Liebe« stand vor allem für den Kampf gegen die Ungerechtigkeiten der geltenden Ehegesetze. Ehescheidung war damals in den meisten Staaten der USA zwar erlaubt, aber die damit verbundene soziale Ausgrenzung war noch außerordentlich groß, sodass nur wenige Frauen von dieser Möglichkeit Gebrauch machten. Außerdem sprachen die Gerichte die Kinder grundsätzlich den Vätern zu, sogar wenn diese Männer sich als in höchstem Maße gewalttätig erwiesen hatten. Victoria Woodhull entschloss sich, die Doppelmoral der Gesellschaft auf allen

Gebieten zu bekämpfen. Auch das äußerst heikle Thema Abtreibung griff Woodhull auf: Tausende von sogenannten Gentlemen seien höchst interessiert daran, dass es Abtreibungs-Praxen gebe, in denen ihren Geliebten, ihren Töchtern und Schwestern geholfen wird, wenn sie »in Schwierigkeiten« geraten. Gerade die verlogenen Moralvorstellungen der Gesellschaft machten Abtreibung in den Augen vieler Frauen zum einzigen Ausweg in einer verzweifelten Lage. »Abtreibung ist nur ein Symptom für eine tiefer liegende Unordnung unserer Sozialstruktur. Sie kann nicht durch das Gesetz bekämpft werden. Normalerweise ist eine Mutter von zehn Kindern gesund, sie kann so jugendlich und schön sein wie eine gesunde Jungfrau. Kinder kriegen ist keine Krankheit, sondern eine wundervolle Möglichkeit der Natur. Aber für unsere erschöpften, kranken und ausgebeuteten Frauen ist es eine furchterregende Pflicht. Fast jedes unserer Kinder ist ungewollt. Abtreibung ist für solche Frauen dann das kleinere Übel.« Die einzige Möglichkeit, etwas an diesem Zustand zu ändern, so Woodhull, sei mehr soziale Freiheit: Wenn Frauen selbst Geld verdienen könnten, wenn sie nicht lebenslang an ihre Ehemänner gefesselt wären, wenn sie Bildung und medizinisches Wissen hätten, wenn sie über die Sexualfunktionen des Körpers und über Verhütungsmethoden Bescheid wüssten, wenn sie vor allem mehr Selbstbewusstsein hätten – dann würden sie auch seltener abtreiben.

Große Plakate in ganz Manhattan kündigten Victoria Woodhulls Rede an. Und obwohl der 20. November ein schmuddeliger Regentag war, platzte Steinway Hall aus allen Nähten. Mehr als dreitausend Menschen waren gekommen, längst nicht alle fanden einen Platz, und es bildeten sich riesige Trauben vor dem Eingang. Alle wichtigen Zeitungen hatten Reporter geschickt, und alle waren gespannt darauf, was Victoria Woodhull zu sagen hätte. Doch was genau das sein würde, wusste sie selbst noch nicht. Bis zuletzt war sie bereit, Henry Ward Beecher auch inhaltlich entgegenzukommen, wenn er kommen und ein paar einführende Worte sprechen würde. Sie ließ ihr Publikum an diesem Abend warten, aber Beecher kam nicht. Und so nahm Victoria Woodhull kein Blatt vor den Mund. Sie bot dem Publikum den Skandal, den es haben wollte: »Wäre es nicht christlicher, wenn man einander nicht mehr liebt, zu sagen: Nun, da du mich nicht mehr liebst, geh deines Weges und sei glücklich; wäre das keine höhere, heiligere Liebe?« – »Wenn alle Ehegesetze morgen abgeschafft würden, würde all das, was an der heutigen Ehe gut und lobenswert ist, weiterbestehen. Gesetze haben in Beziehungen, die auf Liebe gründen, nichts zu suchen.« Aus dem Publikum heraus kamen Fragen, die Victoria zu immer radikaleren Aussagen provozierten:

»Würde es Ihnen gefallen, auf die Welt zu kommen, ohne zu wissen, wer Ihr Vater oder Ihre Mutter ist?« – »Es gibt tausende von ehrenwerten Männern und Frauen, die ihre Väter nicht kennen. Und Gott weiß, wie viele uneheliche Männer und Frauen heute Abend hier sind.«

»Sind Sie eine Anhängerin der freien Liebe?« – »Ja, ich bin eine Anhängerin der freien Liebe. Ich habe das unveräußerliche, verfassungsmäßige und natürliche Recht, zu lieben, wen ich will, so lang oder kurz wie ich kann, diese Liebe jeden Tag zu wechseln, wenn es mir gefällt, und niemand von euch und kein Gesetz hat das Recht, mir das zu verbieten. Was kann schrecklicher sein für eine zerbrechliche, sensible Frau, als gezwungen zu sein, die Gegenwart eines Ungeheuers in Männergestalt zu ertragen, der nichts anderes kennt als blinde Gier, zu der oft noch das Delirium der Trunkenheit hinzu kommt?«

»Es ist mir egal, wo sexueller Handel stattfindet, der auf der Macht des einen Geschlechts über das andere gründet, und ihn oder sie zwingt, sich unterzuordnen gegen die Instinkte der Liebe. Überall da, wo Hass oder Ekel im Spiel ist, sei es in den goldenen Palästen an der Fifth Avenue oder in der schmutzigen Umgebung der Greene Street, überall da ist Prostitution, und alle Gesetze, die tausend Parlamente verabschieden mögen, können daran nichts ändern.« – »Ich kann keinen moralischen Unterschied sehen zwischen einer Frau, die heiratet und mit einem Mann zusammenlebt, nur weil er sie versorgen kann, und einer Frau, die nicht verheiratet ist, aber denselben Preis bezahlt, um versorgt zu sein.« – »Das Gesetz kann zwei Menschen nicht dazu bringen, sich zu lieben. Das ist etwas, das nur die beiden angeht und keine andere lebende Seele hat irgend ein Recht, dazu etwas zu sagen. Wo keine Liebe ist, da sollte es auch keine Ehe geben.«

In diesem Stil ging es zwei Stunden lang weiter. Woodhulls Redemanuskript spielte schon längst keine Rolle mehr, die Worte strömten nur so von ihren Lippen. Hier sprach die authentische Victoria Woodhull, das Kind aus der Gosse, das redete, wie ihm der Schnabel gewachsen war. Sie erzählte Geschichten aus dem prallen Leben, sprach von Sex, von Abtreibung, von Vergewaltigung. »Ich habe ein größeres Recht, über diese Themen zu sprechen«, sagte Victoria, »denn ich habe die freie Liebe mit allen ihren Licht- und Schattenseiten studiert.« Von den gedrechselten Argumenten ihrer Ghostwriter Blood, Butler, Andrews oder Tilton war an diesem Abend nichts mehr zu merken. »Um eine Doktrin zu predigen«, sagte Victoria Woodhull, »musst du das Leben leben.«

An diesem Abend nahm der Begriff der »freien Liebe« eine ganz neue Bedeutung an. Er blieb nicht länger das theoretische Konstrukt abgedrehter sozialistischer Schulen. Bei Victoria Woodhull war klar, dass sie solche Theorien nicht bloß predigte, sondern auch praktizierte. Wenn eine wie sie von Geburtenkontrolle, weiblicher Sexualität, Geschlechtskrankheiten, Prostitution und ähnlichen Themen sprach, dann wusste das Publikum: Das hat sie sich nicht ausgedacht, sondern selbst erlebt.

Ein Bostoner Verleger engagierte Victoria Woodhull daraufhin, um ein Vorwort für seine englische Ausgabe von Goethes »Wahlverwandtschaften« zu schreiben. Der Mann war in seiner Begeisterung ein Einzelfall. Nach Woodhulls Rede wurde Amerika von einer Freie-Liebe-Panik erschüttert. Alle anständigen Frauen distanzierten sich nun von dieser skandalösen Rednerin. Der *Herald* schrieb am nächsten Tag von der »erstaunlichste(n) Doktrin, der jemals ein amerikanisches Publikum zugehört hat«, und Henry Bowen kommentierte im *Independent*: »Es war die schmutzigste Versammlung, die je in New York abgehalten wurde.«

»VICTORIA FOR PRESIDENT«

Auch unter den Sozialisten von der ›Ersten Internationale‹ kam es nach ihrer Rede über freie Liebe zu Kontroversen über Victoria Woodhull. Schon länger hatten sich vor allem die deutschen Sozialisten darüber beschwert, dass Woodhull und ihre Anhängerinnen und Anhänger Themen in die Arbeiterbewegung hineinbrachten, die ihrer Meinung nach dort nichts zu suchen hatten: ganz besonders Frauenrechte und freie Liebe. Friedrich Sorge, der Vorsitzende der deutschen Sektion, beschwerte sich bei Karl Marx und dem Generalrat über ein Manifest der Sektion 12, das Anfang November 1871 im *Weekly* veröffentlicht worden war und in dem im Namen der ›Internationale‹ »Stimmrecht und Ämter für die Frauen, freier Geschlechtsverkehr« und weitere »alberne Phrasen« gefordert wurden. Marx gab grünes Licht, und so schloss das Zentralkomitee in New York auf Betreiben der deutschen Sektion die Sektion 12 und einige weitere Sektionen aus. Das führte zur Spaltung der New Yorker ›Internationale‹: Sektion 12 und die verbündeten Sektionen gründeten ein eigenes Komitee, das nach seinem Tagungsort Prince Street Council, später Spring Street Council, genannt wurde, während das verbleibende Zentralkomitee um Sektion 1 nach seinen Treffen im Ward Hotel als Ward Council bekannt war.

Allerdings hatten sich die Marxisten verkalkuliert: Die meisten Sektionen schlossen sich Woodhulls Prince Street Council und nicht dem Ward-Council an. Auch die New Yorker Presse tendierte im allgemeinen dazu, den Prince Street Council für das maßgebliche Komitee der ›Internationale‹ in New York zu halten. Um die Jahreswende 1871/72 waren die »Woodhull-Sektionen«, wie sie in der Presse auch genannt wurden, besonders populär. Als bekannt wurde, dass in Paris führende Kommunarden hingerichtet worden waren, rief die New Yorker ›Internationale‹ beider Fraktionen für den 10. Dezember 1871 zu einem großen Trauerzug auf, der von der Polizei aber zwei Tage vorher verboten wurde. Sechs Mitglieder der ›Internationale‹ wurden verhaftet.

Während der Ward Council daraufhin die Aktion absagen wollte, beharrte der Prince Street Council auf ihrer Durchführung und rief weiter zu dieser Demonstration auf, worauf einige Mitglieder der Sektion 12 prompt verhaftet wurden. Geschickt nutzten Woodhull und Claflin die Verhaftungen der Sozialisten aus, um eine breite Öffentlichkeit für ihre Sache zu gewinnen: War das nicht ein Angriff auf die Meinungsfreiheit? Tatsächlich schrieben einige Zeitungen Kommentare in dieser Richtung. Die Presse kritisierte das Demonstrationsverbot und die Verhaftungen führender ›Internationale‹-Mitglieder, und die ganze Aktion wurde zu einem Riesenerfolg für die Sektionen, die sie organisierten. Der Trauerzug, der durch den öffentlichen Druck am 17. Dezember genehmigt werden musste, »wurde ein paar Tausend Mann stark, während die Zahl der eingeschriebenen Mitglieder der Internationalen Arbeiter-Assoziation in New York wohl kaum 500 übersteigt«, wie selbst die Gegner zugeben mussten. »Eine Anzahl Frauen, voraus die Damen Woodhull und Claflin, marschierten mit zu Fuß.« Doch in Europa war man nicht beeindruckt: Im Frühjahr 1872 suspendierte der Generalrat die Mitgliedschaft der Sektion 12 in der ›Internationale‹.

Woodhull warb aber noch in einem anderen Milieu um Unterstützung für ihre Ideen. Im Herbst 1871 wurde sie von der amerikanischen Vereinigung der Spiritisten zur Präsidentin gewählt. Für Victoria Woodhull waren die Spiritistinnen und Spiritisten angenehme Verbündete. Sie gefielen sich darin, extreme Positionen und Meinungen zu tolerieren, und waren viel offener für unkonventionelle Ansichten als die Frauen- und Arbeiterbewegung. Allerdings ging im Hause Claflin nun so langsam das Geld aus. Die Geschäfte an der Wall Street liefen nicht mehr so gut, seit Vanderbilt ihnen die Freundschaft aufgekündigt hatte. Vielleicht hatte Victoria auch das Geldverdienen gegenüber ihren politischen Aktionen vernachlässigt, oder die Verschwendungssucht des Claflin-Clans war größer, als eine solche Firma es verkraften konnte. Nach und nach mussten Victoria und Tennessee ihre wertvollen Möbel und Gemälde verkaufen, und schließlich zogen sie aus ihrem großzügigen Haus in eine kleine Pension in der 23. Straße um.

Trotzdem nahm Victoria Woodhull nun ihr neues Projekt in Angriff: die Gründung einer dritten Partei; schließlich rückten die Präsidentschaftswahlen im November 1872 näher. Dafür warb sie bei allen drei politischen Bewegungen um Unterstützung: der Arbeiterbewegung, den Frauenrechtlerinnen, im Spiritismus. Aber es gab auch Gegenwind. Vor allem Susan Anthony kritisierte das Vorhaben: »Wir haben nichts, woraus wir eine politische Partei machen könnten, denn kein Mann würde eine Partei wegen des Frauenwahlrechts wählen, und all unsere Zeit und Worte in dieser Richtung sind einfach verschwendet.« Anthony wollte die Stimmen der Fortschrittlichen nicht für eine aussichtslose Partei »verschwenden«, sondern sie dem kleineren Übel zuführen, das sie in den Republikanern sah. Außerdem traute sie der Arbeiterbewegung nicht. Elizabeth Cady-Stanton und Isabella Beecher Hooker hingegen freundeten sich mit der Idee der Gründung einer neuen Partei an, zumal sich ja abzeichnete, dass weder die Demokraten noch die Republikaner das Wahlrecht auf ihre Fahnen schreiben würden.

Schließlich schuf Victoria Woodhull einfach Fakten: Anfang Mai kündigte das *Woodhull and Claflin's Weekly* offiziell die Gründung einer neuen Volkspartei an, mit Victoria Woodhull als Präsidentschaftskandidatin. Sie plante eine große Versammlung aller reformerischen Kräfte in der Apollo Hall in New York, bei der die Gründung dieser Partei ausgerufen und Victoria zur Präsidentschaftskandidatin nominiert werden sollte. Eingeladen waren Frauenrechtlerinnen, spiritistische Gruppen, die Arbeiterbewegung – alle, »die an die Idee der Selbstbestimmung glauben, die eine ehrliche Administration des Staates verlangen, ein Ende des politischen und sozialen Missbrauchs, die Emanzipation der Arbeit, die Wahlberechtigung der Frauen«.

Über Victoria Woodhull und ihre neue Partei kam es zu einem ernsten Zerwürfnis zwischen Susan Anthony und Elizabeth Cady-Stanton. Anthony war inzwischen der Meinung, Victoria Woodhull sei lediglich ein Sprachrohr von Männern: »Frau Woodhull ist uns gegenüber im Vorteil, weil sie diese Zeitung besitzt, und sie versucht dauernd, unser Schiff in ihren Hafen zu steuern, und sonst nichts. Wenn sie wenigstens von weiblichen Geistern beeinflusst wäre, ob in ihrem Körper oder außerhalb davon, könnte ich mich bereitfinden, ein bloßer Seilzug für sie zu sein; aber wie es aussieht, ist sie völlig von männlichen Geistern besessen und dominiert.«

Einen Tag vor der geplanten Parteigründungs-Versammlung, am 9. Mai, veranstalteten Anthony und Cady-Stanton in der New Yorker Steinway Hall das Jahrestreffen der ›Nationalen Frauenwahlrechts-Vereinigung‹, und hier brach offener Streit zwischen Susan Anthony und Victoria Woodhull aus. Offensichtlich hatte Woodhull ihre Anhängerinnen und Anhänger aus dem Spiritismus und der Arbeiterbewegung mobilisiert, denn die Rednerinnen, die wieder einmal nur über das Wahlrecht sprachen, wurden häufig unterbrochen. Bald erhoben sich einige von Woodhulls Anhängern und fragten, um was es bei dem Treffen überhaupt gehen solle und dass sie noch nichts Konkretes gehört hätten, worauf sie von Susan Anthony zurechtgewiesen wurden: Das Treffen sei »für Frauen, ausschließlich für

Frauen und ihr Wahlrecht«. Daraufhin ging Victoria Woodhull selbst nach vorne und forderte »alle, die gekommen waren, um über die Rechte der gesamten Menschheit zu diskutieren« auf, noch am gleichen Abend zur Gründungsversammlung einer neuen Partei in die Apollo Hall zu kommen. Um Woodhull keine Plattform für ihren Parteigründungs-Aufruf zu geben, ließ Susan Anthony einfach die Lichter ausschalten und beendete die Versammlung. Eine große Anzahl von Frauen und Männern begleitete Victoria Woodhull direkt im Anschluss zur Apollo Hall. Ihre Beziehung zu Susan Anthony war von da an unwiderruflich zerstört.

Zum Gründungstreffen der neuen Partei am 9. und 10. Mai 1872 kamen über 600 Delegierte, gut die Hälfte davon waren Frauen. Vertreterinnen und Vertreter aus der Anti-Sklaverei-Bewegung, Teilen der Arbeiterbewegung, des Spiritismus und anderer Reformgruppen waren aus 22 Staaten angereist und versammelten sich in New York, um Victoria Woodhull als Präsidentschaftskandidatin für die Wahlen im November zu nominieren. Die Zeitung *The World* schrieb, es war »die wahrscheinlich heterogenste Zusammenkunft, die sich jemals in einer Stadt versammelt hat. Da waren Frauen und Männer und solche, die, soweit man nach Kleidung und Erscheinung gehen kann, zu jedem Geschlecht gehören könnten. Es gab alle Arten von Farben und Gesichtern, jedes Spektrum von religiöser, politischer oder sozialer Meinung, und Vertreter von nahezu jedem ›ismus‹, den die Welt kennt. Der roten Fahne der Kommune auf der einen Seite der Halle hingen blaue Banner gegenüber, die in goldenen Lettern Textstellen aus der Bibel trugen.«

Bei diesem Treffen bekam die neue Partei offiziell den Namen ›Equal Rights Party‹, Partei für gleiche Rechte. Die Delegierten verabschiedeten ein Manifest, in dem sie die Regierung kritisierten, weil sie nicht in der Lage sei, die Freiheit der Bürger zu schützen. Verschiedene Resolutionen wurden verabschiedet, die unter anderem ein neues Zivil- und Handelsgesetz, die

Abschaffung der Monopole, direkte und gleiche Versteuerung, einheitlichen Arbeitslohn, die Abschaffung der Todesstrafe, Arbeitsbeschaffung für Arbeitslose durch die Regierung, Mitspracherechte für Minderheiten und internationalen Freihandel verlangten.

Der wichtigste Tagesordnungspunkt war aber die Nominierung einer Präsidentschaftskandidatin. Neben Victoria Woodhull waren dafür durchaus noch andere Namen im Gespräch. Die ›Kommune‹-Sozialisten befürworteten Robert Dale Owen, den Sohn des bekannten englischen Frühsozialisten Robert Owen. Viele Frauenrechtlerinnen hätten sich eine Kandidatur von Elizabeth Cady-Stanton gewünscht. Arbeitsreformer schlugen einen Richter namens David Davis aus Illinois vor. Die Abolitionisten und Teile der ›Internationale‹ waren für Wendell Philipps, einen verdienten Anti-Sklaverei-Kämpfer, der schon einmal als Gouverneur von Massachusetts kandidiert hatte. Und die »Mäßigungsbewegung« gegen den Missbrauch von Alkohol brachte einen exzentrischen Millionär namens George Francis Train ins Gespräch. Starke Konkurrenz also, doch Victoria Woodhull hatte zwei Pluspunkte: Erstens stand sie nicht nur für eine einzelne dieser Reformbewegungen, sondern sie repräsentierte sie alle. Und zweitens konnte sie reden und Menschen mitreißen. Und es war es auch diesmal ihre Rede – zum Thema »Politische, soziale, industrielle und bildungsmäßige Gleichheit« –, die den Ausschlag gab. Direkt im Anschluss daran ging ein Richter Carter ans Pult und sagte: »Die Zeit der Reden ist zu Ende, wir wollten Taten sehen. Ohne noch mehr Worte zu machen, schlage ich Victoria Claflin Woodhull als Kandidatin für die Präsidentschaftswahlen der Vereinigten Staaten vor.«

Durch laute »Ja«-Rufe wurde der Vorschlag mit großem Enthusiasmus angenommen. Als Vizekandidaten nominierte die Versammlung den bekannten schwarzen Bürgerrechtler Frederick Douglass (der die Nominierung aber später ablehnte), mit der Begründung, es würde der jungen Partei gut anstehen, jemanden »von der Rasse, die bis vor kurzem in Fesseln war« aufzustellen.

Die *New York Times* kommentierte das Geschehen am nächsten Tag mit den Worten, Victoria Woodhull habe Ambitionen, »die eines weiblichen Napoleon würdig wären«.

Aber Woodhull war keineswegs größenwahnsinnig. Es war ihr vollkommen klar, dass sie keine wirklichen Chancen hatte, zur Präsidentin von Amerika gewählt zu werden. Auch den Delegierten des Kongresses war klar, dass es hier vor allem um einen symbolischen Akt ging. Sie wollten zeigen, dass sie den beiden großen Parteien nichts mehr zutrauten, sie wollten Zeichen setzen. Das wurde auch an den Nominierungen der Vizekandidaten deutlich: Frederick Douglass war nämlich gar nicht anwesend und hätte einer solchen Nominierung wohl gar nicht zugestimmt. Man wollte hier aber keinen echten Kandidaten aufstellen, sondern durch die Nominierung eines Schwarzen Diskussionen anstoßen, ebenso wie sie Victoria Woodhull durch ihre Präsidentschaftskandidatur angestoßen hatte. Das wird auch an den Alternativvorschlägen deutlich, die für diesen Posten diskutiert worden waren: Die Spiritistin Laura Cuppy Smith zum Beispiel, um eine reine Frauenangelegenheit aus der Sache zu machen, oder Spottet Tail, der die Native Americans repräsentieren sollte.

Zum symbolischen Charakter ihrer Kampagne passt auch, dass Woodhull provokativ die weibliche Anrede benutzte: Sie verteilte Autogrammkarten mit der Aufschrift: »Victoria C. Woodhull, Future Presidentess«, zukünftige Präsidentin.

Mai 1872: Victoria Woodhull wird als Präsidentschafts-kandidatin nominiert.

»Nicht Obszönität, sondern Gottes Wahrheit«

Der Sommer 1872 wurde eine harte Zeit für Victoria Woodhull. Je näher die Wahlen heranrückten, desto mehr konzentrierten sich die Journalisten darauf, sich mit den ›echten‹ Kandidaten zu beschäftigen, dem Demokraten Horace Greeley und dem Republikaner Ulysses Grant. Wenn überhaupt einmal etwas über Victoria Woodhull in den Zeitungen stand, dann war es negativ, wie zum Beispiel die Nachricht, dass man sie in die Verbrechergalerie von *Bunnell's Museum on the Bowery* aufgenommen hatte – eine Art »Dantes Inferno« mit Wachsfiguren zeitgenössischer Krimineller, die in der Hölle schmorten.

Dann wurde den Claflins die Unterkunft gekündigt, und kein anderer Vermieter fand sich bereit, ihnen eine Wohnung zu geben. Victoria war fest davon überzeugt, dass das nicht nur an ihrem allgemein schlechten Ruf lag, sondern dass die Beechers und Plymouth Church im Hintergrund ihre Fäden zogen. Erst nach langem Suchen konnten Victoria, Tennessee, James Blood und die Kinder den Portier eines Hotels überreden, ihnen ein Zimmer zu vermieten – der Besitzer war gerade nicht da, und dem Portier war es egal. Sobald der Hotelbesitzer zurückkam, wollte er ihnen das Zimmer wieder kündigen, aber Victoria und Tennessee weigerten sich, auszuziehen, denn ohne Grund könne er sie nicht einfach hinauswerfen. Es dauerte jedoch nicht lange, bis sich ein solcher Grund fand: Tennessee hatte damals Kontakt zu einer Kompanie schwarzer Soldaten, und eines Nachmittags kamen vier Afroamerikaner zum Hotel, um sie zu einem Treffen abzuholen. »Wenn Sie mit denen jetzt wegfahren, brauchen Sie gar nicht erst wiederzukommen«, drohte der Hotelbesitzer. Natürlich fuhr Tennie trotzdem, und als Victoria Woodhull und James Blood an diesem Abend nach Hause kamen, fanden sie Byron und Zulu Maud vor dem Hotel auf der Straße – sie und die gesamten Habseligkeiten der Familie waren im wahrsten Sinn des Wortes vor die Tür gesetzt worden.

Sie kamen eine Zeit lang notdürftig in den Büroräumen von *Woodhull, Claflin & Co.* unter, und erst nach vielen Mühen gelang es, ein Haus in der 34. Straße zu mieten. Bald wurden ihnen jedoch auch die Büroräume gekündigt, und das war faktisch das Ende ihrer Brokerfirma. Zulu Maud flog wegen des schlechten Rufes ihrer Mutter von ihrer Privatschule. Und mit der Ausgabe vom 28. Juni stellte auch das *Woodhull und Claflin's Weekly* sein Erscheinen ein – es war kein Geld mehr da, um es zu finanzieren. Im August leisteten Woodhull und Claflin den Offenbarungseid. Sie hatten nichts mehr.

Victoria Woodhull war auf dem Tiefpunkt, Henry Ward Beecher auf dem Gipfel. Sie wurde ignoriert, er bejubelt. Doch Woodhull war nicht willens, sich so einfach geschlagen zu geben: Irgendwie kratzte sie das Geld für eine weitere, entscheidende Ausgabe des *Woodhull and Claflin's Weekly* zusammen. Unter dem Datum vom 2. November 1872 erschien die Zeitung in einer Auflage von 100.000 Exemplaren, und ihre Titelstory war »Der Beecher-Tilton Skandal«. Jede Einzelheit, die Woodhull jemals über die ganze Affäre gehört hatte, war hier nachzulesen. Die Affäre zwischen Henry Ward Beecher und Lib Tilton diente als Beispiel dafür, wie weit verbreitet ihre Theorien über soziale Freiheit und freie Liebe bereits waren. Sie nannte Elizabeth Cady Stanton, Isabella Beecher Hooker und Paulina Wright Davis als ihre Quellen und zitierte aus Briefen der bekannten Frauenrechtlerinnen. Dabei machte sie ganz klar, dass es ihr nicht um eine moralische Verurteilung ging: »Ich glaube an das Recht auf Privatsphäre. Es geht im Prinzip niemanden etwas an, was Herr Beecher und Frau Tilton getan haben oder tun möchten. Und das ist auch schon die ganze Lektion, die die Welt zu lernen hat. Es geht mir deshalb auch nicht um Herrn Beecher als Individuum, sondern um Herrn Beecher als Repräsentanten, als einen Mann mit Macht, als einen brutalen Gegner und mächtiges Hindernis für alles, was ich unternehme. Bei Herrn Beecher, dem einzelnen Bürger, möchte ich mich deshalb dafür entschuldigen, dass ich mich in sein Privatleben einmische.«

Der Druck und Vertrieb der Zeitung war ein geradezu konspiratives Unternehmen. Die ersten Exemplare verschickte Victoria Woodhull bereits am 26. Oktober an fast alle Zeitungen in den Vereinigten Staaten, Kanada und Großbritannien. Am 28. Oktober begann der Einzelverkauf. Sobald Beecher und seine Gemeindemitglieder davon Wind bekamen, klapperten sie sämtliche Verkaufsstellen ab und kauften alle verfügbaren Exemplare auf. Innerhalb von drei Stunden war die Auflage vergriffen. Am Abend wurden die einzelnen Exemplare, die normalerweise 10 Cent kosteten, bereits für 2,50 Dollar das Stück gehandelt. In den nächsten Tagen ließen Victoria und Tennie weitere 150.000 Stück nachdrucken und verteilten sie eigenhändig, weil sie den Geschäften und Kiosken nicht trauten. Trotzdem stieg der Preis bis auf 30 oder sogar 40 Dollar. Ganz Findige verliehen ihre Zeitungen für einen Dollar pro Tag.

Es war die größte Mediengeschichte seit der Ermordung Abraham Lincolns. Beecher musste dringend etwas unternehmen: Noch am Abend des 28. Oktober versammelten sich Henry Ward Beecher, Henry Bowen und der Distrikt-Staatsanwalt Benjamin Tracy, ein loyales Gemeindemitglied von Plymouth Church, zu einer geheimen Krisenbesprechung. Am nächsten Tag sprach Tracys Sekretär bei Anthony Comstock vor, einem eifrigen Mitglied des YMCA, des ›Christlichen Vereins Junger Männer‹. Comstock war bekannt als ein fanatischer Kämpfer gegen Obszönität und »unreine« Literatur. Seine Leidenschaft war es, die Sünde zu bekämpfen: Er machte zum Beispiel

Geschäftsleuten, die Alkohol verkauften, das Leben schwer. Aber ganz besonders verfolgte Comstock alles, was auch nur entfernt mit Erotik und Sexualität zu tun hatte, und er war für seine skrupellosen Methoden bekannt – also der richtige Mann, um Beecher aus der Patsche zu helfen.

Allerdings wurde die Pressefreiheit in Amerika sehr ernst genommen. Es würde nicht so einfach sein, Victoria Woodhull für ihre Berichterstattung über Beecher anzugreifen, weil ganz New York wusste, dass sie den Tatsachen entsprach. Außerdem war es wichtig, den Namen Beecher aus der Angelegenheit möglichst herauszuhalten – denn wie auch immer der »Fall« diskutiert würde, wäre es unangenehm für den Prediger. Aber Comstock hatte eine Idee. Er wollte sich bei seinen Aktivitäten gar nicht auf das Interview über Beecher berufen, sondern auf einen anderen Artikel des *Weekly*, und zwar auf einen Bericht von Tennessee Claflin auf Seite 14 der Ausgabe, eine Reportage über Prostitution, in der ein Mann beschrieben wird, der sich brüstet, nachdem er eine junge Frau vergewaltigt hat, die »rote Trophäe ihrer Jungfräulichkeit« am Finger zu tragen. Wegen dieser Formulierung klagte Comstock Woodhull und Claflin offiziell an, obszönes Material mit der Post verschickt zu haben – das war nach einem Postgesetz von 1865 verboten. Dieses Gesetz war bis dahin zwar so gut wie nie angewendet worden, trotzdem ließ der Staatsanwalt, der auch ein Mitglied von Beechers Gemeinde war, Victoria Woodhull und Tennessee Claflin noch am selben Tag verhaften und ins Ludlow Street-Gefängnis bringen. Auch die Beamten, die sie dort bewachten, waren Gemeindemitglieder von Plymouth Church. Victoria und Tennessee weigerten sich, ohne Anwalt auszusagen, weshalb sie die Nacht im Gefängnis verbrachten. Am Montag wurden sie informiert, dass ihre Kaution auf damals unglaubliche 8.000 Dollar pro Kopf angesetzt worden sei. Die komplette Ausstattung der Zeitung, Schreibmaschinen, Papier, Druckmaschinen und das gesamte Büromaterial wurde beschlagnahmt.

So kam es, dass Victoria Woodhull zur Zeit der Präsidentschaftswahlen im Gefängnis saß. Bei den Wahlen im November 1872 wurde der Republikaner Ulysses Grant, den die Frauenrechtlerinnen unterstützt hatten, mit deutlicher Mehrheit wiedergewählt. Vom Frauenwahlrecht war im gesamten Wahlkampf keine Rede mehr gewesen.

Anfang Dezember 1872 wurden Victoria Woodhull und Tennessee Claflin gegen eine Kaution von 16.000 Dollar freigelassen. Die angesichts der Vorwürfe absurd hohe Summe hatte James Blood durch den Verkauf der Sondernummer des *Weekly* aufbringen können. Nun warteten sie auf ihren Prozess. Es fanden sich genug Unterstützer, um die *Weekly* weiter herauszubringen. Aber so leicht wollte der Sittenwächter Anthony Comstock sie nicht davon kommen lassen. Anfang Januar eröffnete er in Greenwich/Connecticut unter falschem Namen ein Postfach und bestellte schriftlich sechs Exemplare des *Woodhull and Claflin's Weekly* vom 2. November. Dann fuhr er nach Norwalk und gab eine ebensolche Bestellung auch im Namen eines Freundes auf. Mit den zugestellten Zeitungen als Beweis kehrte er nach New York zurück und klagte die Schwestern und diesmal auch Blood erneut wegen Versendung obszönen Materials durch die Post an. Aber Laura Cuppy Smith hörte von der drohenden Verhaftung und versteckte Victoria Woodhull in einem Hotel in Jersey City. Tennessee entzog sich der Verhaftung durch ihre eigene Geistesgegenwart: Als die Polizei zur Wohnung der Claflins kam, fand sie dort nur eine Dienstmagd beim Wäschewaschen – Tennie in Verkleidung, was die Polizisten aber nicht merkten. James Blood jedoch, den die Warnung nicht rechtzeitig erreicht hatte, kam ins Gefängnis.

Am 9. Januar sollte Victoria eine Rede im Cooper Institut halten, an diesem Abend bewachten fünfzig Polizisten den Vortragsaal und jeden Eingang des Gebäudes. Trotz der Bekanntmachungen, es werde keine Rede geben, strömten die Menschen nur so in den Saal. Um acht Uhr betrat Laura Cuppy Smith die

Bühne und verkündete, dass sie an Stelle der polizeilich gesuchten Victoria Woodhull deren Rede vortrage. Als sie gerade beginnen wollte, kämpfte sich eine offenbar ältere Frau in grauem Quaker-Umhang und Haube mit schwerfälligen Schritten zur Bühne vor. Sie stieg mühsam den Bühnenaufgang hoch, ging zum Rednerpult – und warf da mit einer theatralischen Geste Umhang und Haube ab. Es war Victoria Woodhull höchstpersönlich. »Comstock ist geschlagen!«, jubelte Laura Cuppy Smith, das Publikum schrie und tobte. Die Polizisten wagten es angesichts der enthusiastischen Menge nicht, einzugreifen.

»Ich komme zu euch aus einer Zelle in der amerikanischen Bastille«, rief Victoria theatralisch. Die Polizei habe die Setzmaschinen des *Weekly* beschlagnahmt, die Druckerpresse zerstört, private Papiere gestohlen. Aber Victoria beklagte nicht nur ihre eigene Lage, sie rechnete auch mit den prüden Ansichten ihrer Verfolger ab: Wenn Leute wie Comstock sich mit ihrem Anti-Porno-Wahn durchsetzen, warnte sie, dann »könnten bald einige Frauen wegen Ehebruchs angeklagt werden, weil sie ihren kleinen Sohn küssen.« Doch Comstock sei nur ein Werkzeug Beechers, die ganze Anklage gegen sie nichts anderes als eine Verschwörung von Plymouth Church. Eineinhalb Stunden dauerte Woodhulls Rede, dann inszenierte sie ihren dramatischen Abgang. Sie sprang von der Bühne, durchquerte das laut applaudierende Publikum, breitete ihre Arme aus wie in einer Kreuzigungsszene und ließ sich verhaften. Auch Tennessee Claflin stellte sich am nächsten Tag den Behörden, und die Schwestern bewohnten wieder ihre Zelle Nummer 11 im Ludlow-Gefängnis.

Die öffentliche Kontroverse um Victoria Woodhull und ihren Beecher-Artikel zog sich über Monate hin. Insgesamt wurden sie und Tennessee acht Mal gefangen genommen, zwischendurch waren sie jeweils gegen Kaution auf freiem Fuß. Die *Weekly* erschien nun wieder regelmäßig jede Woche. Wenn Victoria, Tennessee und teilweise auch James Blood im Gefängnis waren, übernahmen vor allem Stephen Pearl Andrews und Bloods Bruder George die Arbeit. Die offensichtlichen Ungerechtigkeiten in dem Prozess gegen Woodhull und Claflin bewirkten, je länger er sich hinzog, einen gründlichen Wandel in der öffentlichen Meinung. Wenn die Schwestern im Gefängnis waren, gaben sich in ihren Zellen Journalisten, Intellektuelle und Anwälte die Klinke in die Hand. »Ein wahres Zeltlager« sei das, schrieb ein Reporter. Benjamin Butler verteidigte Woodhull und Claflin in einem vielbeachteten offenen Brief. Verschiedene Zeitungen setzten ihre Reporter darauf an, den Filz zwischen der New Yorker Justiz und Plymouth Church zu untersuchen, sie sahen die Pressefreiheit in Gefahr und nannten Fanatiker à la Comstock die »amerikanische Inquisition«. Besonders eifrig darin, weitere Einzelheiten über Beechers Ehebruch zu recherchieren, war Edward Clark, ein junger, ehrgeiziger Journalist von der *Troy Daily Press*. Er trieb neue Zeuginnen auf, die Woodhulls Geschichte bestätigten, und im Mai 1873 erschien seine vierseitige Story unter der Überschrift »Nicht Obszönität, sondern Gottes Wahrheit«. In seinem Artikel bestätigte Clark Woodhulls Enthüllungen über Beecher und untermauerte sie mit weiteren Belegen. Zwar distanzierte er sich schärfstens von ihren Ansichten über freie Liebe, aber er zeichnete detailliert die Konspirationen zwischen Plymouth Church, der New Yorker Justiz und dem YMCA nach. Und Clark war nur einer von vielen. Wie sehr sich die öffentliche Meinung zugunsten von Victoria Woodhull gewandelt hatte, wird darin deutlich, dass selbst frühere Gegnerinnen wie Mary Livermore nun öffentlich für sie Partei ergriffen – Livermore etwa schrieb im *Women's Journal*, Woodhull sei das Opfer einer frauenfeindlichen Kampagne geworden.

Woodhull, Claflin und Blood wurden letzten Endes freigesprochen. Für das im Juni 1873 ergangene Urteil war wohl weniger die Faktenlage ausschlaggebend als die Tatsache, dass die öffentliche Meinung nun einmütig auf ihrer Seite stand. Das

Redenhalten wurde nun Victorias hauptsächliche Einkommensquelle. Die Brokerfirma gab es nicht mehr, und die Zeitung warf keinen Gewinn ab, sondern war im Gegenteil ein Zuschussgeschäft.

Aber obwohl ihre finanzielle Lage schwierig war, versank Victoria Woodhull in diesem Winter keineswegs in Depressionen. Im Frühsommer 1874 brach sie zu einer Vortragsreise in den Westen auf. Sie sprach in Salt Lake City, in San Francisco und in San José. Im Sommer unternahm sie eine Europareise. Fast wie früher tingelten Victoria und Tennessee mit James Blood und manchmal auch mit Zulu Maud von Stadt zu Stadt und organisierten selbst ihre Veranstaltungen. Tennessee oder James reisten voraus, mieteten die Hallen, machten Werbung, sprachen Presseleute an. Auch Zulu Maud, inzwischen dreizehn Jahre alt, bekam jetzt zuweilen ihre Auftritte. Zum Beispiel rezitierte sie zum Auftakt des Abends Gedichte, bevor ihre Mutter dann eine Rede hielt. Die *Weekly* erschien nur noch sporadisch, je nachdem, wie die Finanzen es zuließen. Hinzu kam, dass Victoria sich 1875 von James Blood trennte. Ohne die Mitarbeit von Blood und mangels Geld musste das *Woodhull and Claflin's Weekly* sein Erscheinen einstellen, diesmal für immer. Die letzte Ausgabe erschien am 10. Juni 1876.

Am 4. Januar 1877 starb dann Cornelius Vanderbilt, im Alter von 83 Jahren. Sein Vermögen wurde auf über 100 Millionen Dollar geschätzt – das war mehr, als die USA in ihren Schatzkammern hatten. Vanderbilt hinterließ zehn Kinder, aber seinen acht Töchtern und einem an Epilepsie leidenden Sohn vererbte er nur relativ bescheidene Summen von jeweils einigen hunderttausend Dollar, während das gesamte restliche Vermögen an seinen Sohn William Henry ging. Die anderen Vanderbilt-Kinder fochten das Testament an: Ihr Vater sei unzurechnungsfähig gewesen, behaupteten sie, und als Begründung führten sie an, dass er an Geister geglaubt habe. So wurde der große »Vanderbilt-Prozess«, der in den Monaten darauf Schlagzeilen machte, gleichzeitig auch eine Abrechnung mit dem Spiritismus. Der Glaube an Geister, an die Möglichkeit, mit den Toten zu kommunizieren, an die mediale Begabung mancher Menschen, zu heilen oder die Zukunft vorherzusagen, hatte drei Jahrzehnte lang die amerikanische Gesellschaft geprägt. Doch nun wandten sich die Menschen vom Spiritismus ab. Der Glaube an die Naturwissenschaften, daran, dass sich alle Phänomene wissenschaftlich erklären lassen, war auf dem Vormarsch. Alles Unwissenschaftliche galt jetzt als Betrug und Scharlatanerie.

Natürlich wartete alle Welt gespannt auf die Aussagen von Victoria Woodhull und Tennessee Claflin, die von den Vanderbilt-Kindern als Hauptzeuginnen für den Geisterglauben ihres Vaters – und damit seine Unzurechnungsfähigkeit – geladen worden waren. Doch als der Tag kam, an dem sie aussagen sollten, befanden sich die Schwestern weit weg auf hoher See, auf halbem Weg nach England. Dort wartete ein Haus in West Brompton auf sie, eingetragen auf den Namen von Victoria Woodhull, sowie ein kleines Vermögen in der Londoner Lloyd's Bank – angeblich 100.000 Dollar aus dem Vanderbilt-Erbe. Das war genug für zwei Damen aus besserer Gesellschaft, die ein neues Leben anfangen wollten. William Henry Vanderbilt, der Haupterbe, hatte es sich etwas kosten lassen, Woodhull und Claflin vom Gerichtssaal fernzuhalten. Eine Investition, die sich gelohnt hat: Das Erbe wurde ihm zugesprochen. Einige Monate später erhielt er einen Brief von Victoria, in dem sie ihn bat, ihr wie vereinbart die Briefe seines Vaters zurückzuschicken – die Beweismittel, die seinen Geschwistern als Beleg für den Geisterglauben des Kommodore hätten dienen können.

Annie Claflin, 1874

IN ENGLAND

Auch bei der Übersiedlung nach England hatten Victoria Woodhull und Tennessee Claflin die Familie im Schlepptau: Victorias Kinder Zulu Maud und Byron sowie Mutter Annie gingen gleich 1877 mit nach England, im Sommer 1878 folgten dann Vater Buck und zwei Nichten, die zwanzigjährige Ella Celeste und die sechzehnjährige Carrie Zula, zwei Töchter der ältesten Claflin-Schwester Margaret Ann. Ella war die Lieblingsnichte von Tennesse, Carrie Zula eine gute Freundin der fast gleichaltrigen Zulu Maud. In London wohnten die Claflins zunächst in South Kensington, 45 Warwick Road. Erleichtert wurde ihr Neuanfang dadurch, dass Tennie bald wieder einen reichen Verehrer fand: Francis Cook. Cook war ein älterer Herr, der – obwohl verheiratet und Vater von drei erwachsenen Kindern – ähnlich wie Vanderbilt eine Vorliebe für hübsche jüngere Frauen hatte. Er war nicht nur ein wohlhabender Unternehmer, sondern auch, was Tennie als Amerikanerin besonders attraktiv fand, Träger des portugiesischen Adelstitels ›Viscount of Monserrate‹. Übermütig schrieb Tennessee an eine Freundin in Amerika: »Gib deine Arbeit auf und komm her nach England, ich finde schon einen reichen Mann für dich.«

Woodhull hielt noch im gleichen Jahr wieder Vorträge: in Nottingham und Liverpool, in Manchester, mehrmals in London. Auch in England kam sie als Rednerin gut an. Von ihrer bewegten Vergangenheit und den Skandalen, die sie in Amerika ausgelöst hatte, war hier zunächst nur wenig bekannt. Die Zeitungen waren von ihrem Mut, die Dinge beim Namen zu nennen, beeindruckt. Ein Journalist schrieb: »Kein Mann würde es wagen, solche Themen zu diskutieren, wie Frau Woodhull sie aufgreift«, aber dennoch habe ihr Auftreten dem Publikum gefallen. Als Victoria Woodhull im Dezember 1877 in der St. James Hall in London sprach, befand sich unter den Zuhörern auch ein gewisser John Biddulph Martin, ein Oxford-Absolvent und Mitgesellschafter einer der ältesten britischen Banken. Martin war von Woodhulls Ansichten und ihrem Auftreten außerordentlich beeindruckt. In den folgenden Tagen suchte er Victoria Woodhull ein oder zweimal auf, aber er hatte zu dieser Zeit noch eine andere Liebesbeziehung, und die Sache verlief sich zunächst einmal im Sande. Erst ein Jahr später, als er sich von der anderen Frau getrennt hatte, begann Martin, Victoria ernsthaft den Hof zu machen. Und sie war durchaus nicht abgeneigt: John Martin war etwas jünger als sie, sechsunddreißig Jahre alt, reich, sportlich und gutaussehend, er kam aus der Oberschicht und war auch noch philosophisch bewandert – also in jeder Hinsicht ein idealer Ehemann.

Doch es erwies sich als nicht so einfach. Die Martins gehörten zu einer Klasse, die knapp unterhalb der Aristokratie rangierte: Bankiers, Diplomaten, hoch dekorierte Militärs gehörten dazu. In solchen Kreisen waren Ehen mit Amerikanerinnen ohnehin nicht gern gesehen. Und natürlich erst recht nicht mit einer Frau, die älter war als der Mann, zwei fast schon erwachsene Kinder hatte und mehrmals geschieden war. Zu allem Überfluss kamen dann auch noch Gerüchte über Woodhulls Vergangenheit hinzu: Ausgerechnet 1878 machte nämlich der Beecher-Skandal erneut Schlagzeilen, weil Elizabeth Tilton, die ihre Liebesbeziehung zu Henry Ward Beecher bis dahin immer abgestritten hatte, plötzlich umschwenkte und nun doch zugab, ein Verhältnis mit dem Prediger gehabt zu haben. Zwar konnten diese Anschuldigungen Beecher, der inzwischen noch populärer geworden war, auch diesmal wieder nicht wirklich beschädigen, aber sie brachten doch die ganze Geschichte und damit Victoria Woodhull erneut in die Zeitungen, und zwar auch in England. Nun stand für Martins Familie und Freunde erst recht fest: Das ist keine respektable Frau, die kann man nicht heiraten.

Aber Victoria hatte Feuer gefangen, sie wollte John Martin als Ehemann. Und so ging sie in die Offensive: In der *Times* und anderen Londoner Zeitungen schaltete sie Anzeigen und drohte, jeden, der falsche Behauptungen über sie verbreite, wegen Verleumdung zu verklagen. Die Beziehung zwischen John und Victoria wurde enger, aber ein offizieller Heiratsantrag ließ auf sich warten. Offenbar wollte Martin es bei einer Liebesaffäre bewenden lassen. Victoria jedoch machte ihm klar, dass sie einen Heiratsantrag erwartete. Schließlich gab Martin nach: Im November 1880 traten die beiden erstmals gemeinsam in der Öffentlichkeit auf, im Dezember verlobten sie sich – die Ringe hatte Victoria gekauft und John geradezu genötigt, ihr einen auf den Finger zu stecken.

Als die Verlobung offiziell bekanntgegeben wurde, bekam John Martin zahlreiche Briefe, nicht nur von Freunden, sondern auch von Geschäftspartnern, die Woodhulls Charakter anzweifelten und von einer solchen Ehe dringend abrieten. Martins Bruder Richard fuhr nach Amerika und zog dort Erkundigungen über Victoria Woodhull ein, sammelte Berichte über ihr früheres Leben und trieb wohl auch einige alte Ausgaben des *Weekly* auf – aus Sicht der Familie Martin und ihrer Geschäftspartner kam bei diesen Nachforschungen nichts Erfreuliches heraus. John Martin wurde wieder schwankend und sagte die eigentlich noch für Dezember geplante Hochzeit wieder ab.

Victoria sah keine andere Wahl, als sich in einer groß angelegten Medienkampagne von ihren früheren Auffassungen zu distanzieren. An die Zeitungen schickte sie eine offizielle Erklärung und sagte sich klipp und klar von der Theorie der freien Liebe los. Sie stritt sogar ab, jemals eine solche Meinung vertreten zu haben: Entsprechende Artikel im *Weekly* seien ohne ihre Zustimmung erschienen, behauptete sie nun.

Victoria Woodhull und John Martin

Da die Zeitungen ihrer Selbst-Rehabilitation nicht den gewünschten Platz einräumten, gründeten Victoria und Tennessee wieder eine eigene Publikation. Im Januar 1881 erschien das *Woodhall & Claflin's Journal*, das, so das Editorial, für die »Verteidigung der großen sozialen Fragen und für eine höhere Ausbildung und bessere Lebenssituation der Frauen« eintreten wolle. Die Titelseite zeigte, ineinander verschränkt, die amerikanische und die britische Flagge. Der Ton der Zeitung war scharf und die Artikel zum Teil recht weitschweifig – ganz offensichtlich war das Blatt unter höchstem Zeitdruck produziert worden. Denn sein eigentlicher Zweck bestand darin, die angeblich »unrespektable« Vergangenheit der Victoria Woodhull aufzuklären.

Sogar Francis Cook wurde eingespannt, um John Martin dazu zu bewegen, in die Heirat mit Victoria Woodhull einzuwilligen. Cook redete Martin – sozusagen von Mann zu Mann – ins Gewissen. Victoria drohte damit, wieder nach Amerika zu gehen und Martin endgültig zu verlassen. Tatsächlich reiste sie höchstpersönlich in die USA, um ihre Sache zu verteidigen und die Zeitungen zu bewegen, ihre Anti-Freie-Liebe-Erklärungen abzudrucken. Als im Dezember 1882 Elizabeth Cady-Stanton in London war, suchte Victoria sie auf und bat sie, öffentlich zu bezeugen, dass sie niemals eine Anhängerin der freien Liebe gewesen sei. Cady-Stanton lehnte das allerdings ab: Sie könne zwar jederzeit bestätigen, dass sie Woodhull bewundere und verehre – aber eine Anhängerin der freien Liebe sei sie nun einmal gewesen.

Fast drei Jahre lang kämpfte Victoria Woodhull um ihre Ehe mit John Martin. Sie trennte sich von ihm und versöhnte sich wieder, ließ ihn zappeln, drohte, schmeichelte – und letzten Endes setzte sie sich durch: Am 31. Oktober 1883 heirateten die beiden in der presbyterianischen Kirche von South Kensington. Seiner Familie teilte Martin das erst einige Tage später per Telegramm mit.

Es war eine außerordentlich glückliche Ehe. John Martin arbeitete weiter in der Familienbank, und von seinem Büro aus schrieb er kleine Liebesbriefe an Victoria zu Hause, ebenso wie sie an ihn. Die beiden lebten in einer Villa am Hyde Park Gate 17 mit opulenter Einrichtung, liebevoll gepflegtem Garten und einem ganzen Stab Bediensteter. Victoria und John besuchten Konzerte und Theater, machten Spaziergänge oder Ausflüge zu Märkten in der Umgebung. Sie spielten Tennis, unternahmen Bootsfahrten, besuchten Ausstellungen und Vorträge, und sie reisten: nach Amerika, in die Schweiz, nach Spanien, Malta, Italien, Griechenland und Kanada. Wenn man seinen Notizen und Tagebucheinträgen glaubt, hat John Martin es nie bereut, Victoria schließlich doch geheiratet zu haben. Seine Familie war zwar zunächst sehr zurückhaltend, aber irgendwie arrangierte man sich. Victoria war in der Regel »krank«, wenn John Martin seine Familie besuchte, man behandelte den Konflikt vornehm, indem man so tat, als gäbe es keinen. Im Laufe der Zeit scheinen sich die Martins mit der ungeliebten Schwiegertochter und Schwägerin arrangiert zu haben. Zumindest ist Victoria auf dem großen Familienfoto zur goldenen Hochzeit von Martins Eltern im April 1887 zu sehen, und als Martins Mutter starb, vererbte sie Victoria einen Teil ihrer Juwelen.

Anfang der neunziger Jahre beschloss Victoria Woodhull, inzwischen über fünfzig Jahre alt, es sei nun genug mit der Zurückgezogenheit, und begann erneut, öffentlich aktiv zu werden. Sie hatte eine neue Theorie für sich entdeckt, die sie nun vorantreiben wollte: die Sozialwissenschaften. Denn sie war überzeugt, dass diese noch junge Wissenschaft die Richtigkeit ihrer sozialen Thesen beweisen konnte. 1890 veröffentlichte sie zusammen mit Tennessee ein neues Buch mit dem Titel »Der menschliche Körper, Gottes Tempel. Die Philosophie der Soziologie«. Die Soziologie war für Woodhull eine Möglichkeit, ihre Thesen zu weiblicher Freiheit, Sexualität und Fortpflanzung auf eine »wissenschaftliche« Grundlage zu stellen. Dreh- und Angelpunkt ihrer neuen Ideen war die Forderung nach Geburtenkontrolle und Familienplanung, ein angesichts zunehmender Übervölkerung in den Städten immer wichtiger werdendes Thema.

Victorias Tochter war inzwischen zu ihrer wichtigsten Freundin und Mitstreiterin geworden. Bei der Übersiedlung nach England hatte Zulu Maud ihren Namen in »Zula« geändert, was femininer und jedenfalls weniger merkwürdig klang. Inzwischen war sie längst eine erwachsene Frau, weit in den Dreißigern, aber sie lebte noch immer bei ihrer Mutter und unterstützte sie bei all ihren Projekten. Zula war nicht nur eine Art persönliche Sekretärin, sie versorgte auch den behinderten Bruder Byron. Das Verhältnis von Mutter und Tochter war außergewöhnlich eng. Zula Maud scheint keinerlei Ambitionen gehabt zu haben, auszuziehen, zu heiraten oder sich sonst irgendwie von Victoria unabhängig zu machen. Wie früher Tennessee, bewunderte jetzt offenbar auch Zula die charismatische Persönlichkeit Victorias ohne Einschränkungen und ohne Neid und setzte damit den ungewöhnlich engen Zusammenhalt der Frauen in dieser Familie in der nächsten Generation fort. Vielleicht ist das auch gar nicht so verwunderlich. Denn sicher bot das Zusammenleben mit einer Frau wie Victoria für Zula mehr Möglichkeiten und Freiheiten, als etwa eine traditionelle Ehe.

Im Jahr 1896 erkrankte John Martin ganz unerwartet an einem Leiden, das die Ärzte nicht diagnostizieren konnten. Martin war immer körperlich fit gewesen, lebte gesund und trieb viel Sport. Aber jetzt litt er häufig an Fieber und Kopfschmerzen. Die Ärzte empfohlen ihm, den Winter nicht im kaltfeuchten London zu verbringen, und Martin beschloss, für einige Zeit auf die kanarischen Inseln überzusiedeln. Victoria blieb aber in London. Offenbar vermutete niemand, dass es sich bei Martins Krankheit um etwas Schwerwiegendes handeln könnte. Er ließ sich auf Teneriffa nieder, unternahm aber auch Reisen zu den anderen Inseln. Doch im März 1897 wurde er plötzlich sehr krank. Man brachte ihn noch nach Las Palmas auf Gran Canaria, wo es eine bessere ärztliche Versorgung gab, aber dort starb er innerhalb weniger Tage, vermutlich an einer Lungenentzündung. John Martin war erst 55 Jahre alt.

Da es von ihr selbst keine Aufzeichnungen über ihr Privatleben gibt – nur John Martin hatte ausführlich Tagebuch geführt –, ist nicht bekannt, wie Victoria Woodhull diese traurige Nachricht aufgenommen hat. Sie blieb nach Johns Tod vorerst in dem Londoner Haus am Hyde Park Gate wohnen. Allerdings verarbeitete sie den Tod ihres Mannes zumindest theoretisch. Sie schrieb nun vermehrt über Themen, die sich mit Leben und Tod und der Frage von Gesundheit und Krankheit beschäftigten. Vor allem um die Gefährdung der Gesundheit schien sich Victoria nun ernste Sorgen zu machen. Sie brachte ganze Serien über die Ausbreitung von Infektionen, über Keime auf Telefonen, in Eisenbahnwagen und auf Büchern aus öffentlichen Bibliotheken. Ein ausführlicher Bericht beschäftigte sich etwa mit der Frage, wie viele Bakterien man allein beim Sprechen in der Umgebung verbreitet, ein anderer beschrieb, wie ungesund lange Röcke sind, die über den Boden schleifen und dadurch »ganze Kolonien von Mikroben und Bazillen« aufsammeln.

Nach John Martins Tod war Victoria Woodhull eine überaus reiche Frau – noch wohlhabender als zu ihren besten New Yorker Zeiten. Denn Martin hatte ihr nicht nur seine eigenen Besitztümer hinterlassen, das Haus in London und eine hübsche Summe Geld, sondern durch einen unglaublichen Zufall erbte Woodhull auch noch einen Teil des Martin'schen Familienvermögens. Drei Tage vor John war nämlich auch sein Vater gestorben, und er hatte seinem Sohn ein Vermögen von rund 150.000 Pfund vermacht – das entspricht heute einer Summe von über 10 Millionen Euro. All das fiel nun an Victoria Woodhull. Wäre der alte Martin nur einige Tage später, nämlich nach seinem Sohn gestorben, dann hätte Victoria aus dem Familienbesitz der Martins nur 100 Pfund geerbt.

Zum Erbe gehörte auch ein Familiengrundstück in Bredon's Norton, einem kleinen Ort rund 150 Kilometer von London entfernt, in der Nähe von Tewskbury in Worcestershire. Und einige Jahre nach Martins Tod, im Jahr 1900, beschloss Victoria Woodhull, dorthin umzusiedeln. Vielleicht war ihre zunehmende Angst vor den Keimen und Bakterien der Großstadt – die zeitweise geradezu wahnhafte Züge annahm – der Grund dafür, jedenfalls hatte sie im *Humanitarian* schon häufiger die gesundheitlichen Vorzüge des Landlebens gerühmt.

Bredon's Norton war ein typischer englischer Landsitz. Die Strukturen erinnerten noch an die Feudalzeit: Norton Park, ein großes altes Herrenhaus im Tudor-Stil, von dem einzelne Teile aus dem 16. Jahrhundert stammten, thronte über dem kleinen Dorf, Bredon's Norton. Der Herrin von Norton Park spielte eine wichtige Rolle für das Wohl und Wehe des ganzen Ortes, sie war die wichtigste Kundin der Geschäftsleute und Handwerker, wichtigste Sponsorin der Kirche, die bedeutendste Person des öffentlichen Lebens. Man kann sich vorstellen, dass so eine Rolle Victoria Woodhull gefiel. Im Dezember 1901 zogen Victoria, Zula und Byron um.

Das Anwesen befand sich jedoch in schlechtem Zustand. Das Herrenhaus war über zehn Jahre unbewohnt gewesen, es war umgeben von 600 Hektar größtenteils verwildertem Land. Aber auch die zugehörige Ortschaft, ein kleines Dorf mit roten Backstein-Häusern, war heruntergekommen, die Infrastruktur weitgehend zerstört, die Straßen und öffentlichen Gebäude marode. Mit viel Elan machte sich Victoria Woodhull daran, die Ortschaft wieder aufleben zu lassen. Sie ließ die Straßen reinigen, Laternen installieren, verbesserte den Postvertrieb, ließ Telefonleitungen verlegen, verfallene Gebäude abreißen und eine Halle für Veranstaltungen bauen. »Sleepy hollow wurde einer ganzen Serie von galvanischen Schocks unterzogen«, schrieb eine örtliche Zeitung. Nicht alle in Bredon's Norton waren von diesen plötzlichen Veränderungen begeistert, vor allem deshalb, weil Victoria Woodhull vollkommen eigenmächtig handelte, ohne die örtlichen Autoritäten zu fragen oder irgendjemanden in ihre Entscheidungen einzubeziehen. Schließlich war es ihr Geld, meinte sie wohl. Es kam sogar zu Fällen von Vandalismus gegen die Neuerungen. Victoria fühlte sich mit ihrem Enthusiasmus wieder einmal von der Welt missverstanden und schimpfte über das »selbstgenügsame Dorfleben«.

Aber sie verbrachte ohnehin die meiste Zeit im Herrenhaus. Und sie hatte eine neue Leidenschaft entdeckt, die für Ablenkung sorgte: das Autofahren. Schon immer war Victoria Woodhull an jeder Art Fortschritt höchst interessiert gewesen. Sobald die Schreibmaschine erfunden wurde, hatte sie eine. Schon 1889 ließ sie ihr Haus mit elektrischem Licht ausstatten. Und dieses neue, vierrädrige Fortbewegungsmittel namens Automobil, das es damals auf eine Geschwindigkeit von 30 Stundenkilometern brachte, faszinierte sie so sehr, dass sie gleich mehrere Modelle anschaffte. Victoria Woodhull wurde bald eine berüchtigte Autofahrerin, die in Bredon's Norton für ihren Gefallen an hohen Geschwindigkeiten bekannt war – vom Dorfpolizisten bekamen sie und ihre Chauffeure häufig Verweise für »wildes Fahren«. Bei ihren Spritztouren beschränkte sich Victoria keineswegs auf die nähere Umgebung. Sie fuhr kreuz und quer im Land umher, machte Ausfahrten im Londoner Hyde Park und unternahm, zusammen mit Zula Maud, sogar eine Autoreise durch Frankreich. Mit einem Mercedes Simplex, dem besten Wagen ihrer kleinen Flotte, fuhren Mutter und Tochter über Paris nach Nizza und Monte Carlo. Zusammen mit anderen wohlhabenden Frauen gründete Victoria Woodhull auch einen »Damen-Automobil-Club«, der sich erstmals im Juni 1904 traf. Präsidentin war die Herzogin von Sutherland: Sie fuhr bei den großen Konvois des Clubs immer an erster Stelle, Victoria, so wird berichtet, an vierter. Es war schon ein Ereignis, wenn sechzig fröhliche Damen mit ihren Automobilen durch die Lande rollten.

In den folgenden Jahren entwickelten Victoria und mehr noch Zula Maud zahlreiche innovative Projekte in Bredon's Norton. Zunächst hatte Zula Maud die Idee, die Grundstücke rund um Norton Park zu nutzen und eine Art Landwirtschafts-Schule für junge Frauen zu gründen. Auch Victoria begeisterte sich für das Projekt, und so entstand ein Fortbildungsinstitut namens »Internationaler Landwirtschaftsklub und Schule für intensive Kleingärtnerei«. In der Landwirtschaftsschule von Norton Park konnten Mädchen und junge Frauen zwischen verschiedenen Ausbildungsarten wählen – die Palette reichte von Wochenendkursen bis hin zu einer dreijährigen Lehre. Neben großen landwirtschaftlichen Anlagen mit Feldern und Ställen gab es auch eine Bücherei, ein Sekretariat und, als neueste Errungenschaft des Fortschritts, ein Telefon. In ihren besten Zeiten hatte die Schule dreißig Schülerinnen. Weil es im College Essen und Unterbringung gab, betonte Zula, könnten sich die Schülerinnen ganz auf ihre Ausbildung konzentrieren. Außerdem hätten die angehenden Landwirtinnen bei ihrer Arbeit Gesellschaft, denn gerade im bäuerlichen Leben sei soziale Vereinsamung ein großes Problem. Im August 1906 organisierten Zula und Victoria zum ersten Mal eine große Landwirtschafts-Ausstellung in Norton Park, die von da an jedes Jahr stattfand und bald ein fester Bestandteil des Jahresablaufs wurde.

Die Landwirtschaftsschule war aber nicht das einzige Projekt, das die beiden ins Leben riefen. 1907 gründeten sie eine Modellschule für die Bauernkinder. Bedarf gab es genug: Wie der ganze Ort, so war auch die von der anglikanischen Kirche betriebene Dorfschule von Bredon's Norton ziemlich heruntergekommen. Zula interessierte sich für die neue Fröbel-Pädagogik, die weniger autoritär und hierarchisch ausgelegt war als das herkömmliche Schulsystem und Wert auf praktische Übungen und die Ausbildung des individuellen Charakters jedes Kindes legte. Die traditionelle Dorfschule von Bredon's Norton mit ihren wenig kreativen Unterrichtsmethoden war ihr deshalb ein Dorn im Auge. Zula überzeugte ihre Mutter, der Kirche den Pachtvertrag für das Schulgebäude zu kündigen und stattdessen ihr die Leitung der Schule zu übertragen.

1911 verwandelten Zula und Victoria Norton Park in einen *Manor House Club*, eine Art Landhotel, wo man Erholungsurlaube verbringen konnte. Laut Eigenwerbung hatten sie »zwanzig Schlafzimmer für Damen, eigene möblierte Cottages für Herren, einen Golfplatz, Bootsfahrten, Croquet, Tennis und Jagen« im Programm, sowie »Möglichkeiten zum Studium von Landwirtschaft und Gartenbau« – eben in ihrer Schule. Schon bald konnte der *Manor House Club* eine illustre Gästeliste vorweisen: Adelige, Diplomaten, Schauspielerinnen und Militärs, aber auch Schriftstellerinnen und Intellektuelle suchten hier Erholung. Auch ihre Leidenschaft für technischen und sozialwissenschaftlichen Fortschritt behielt Victoria Woodhull bis ins hohe Alter. 1912, im Alter von vierundsiebzig Jahren, lobte sie eine Prämie von 5.000 Dollar aus für den ersten Mann oder die erste Frau, die in einem Flugzeug den Atlantik überqueren würde. Sie interessierte sich auch für die neue Wissenschaft der Psychologie und wurde eines der ersten Mitglieder der *Gesellschaft für psychologische Forschung*, der sie auch ihr gesamtes Vermögen vererbt hätte, falls Zula vor ihr gestorben wäre.

Erst in den letzten Jahren ihres Lebens wurde Victoria Woodhull allmählich ruhiger. In Bredon's Norton hatte man sich an sie gewöhnt, sie war nun so etwas wie die »gute Großmutter« der Ortschaft. Sie war aber auch außerordentlich freigebig, organisierte Weihnachtsfeiern für die gesamte Einwohnerschaft inklusive Geschenken für alle, gründete ein Theater und unterstützte Jugendprojekte. Als 1914 der Erste Weltkrieg ausbrach, teilte Victoria Woodhull vorausschauend an alle Familien Samen und Zucker aus und forderte die Hausfrauen auf, in ihren Gärten Gemüse anzupflanzen und Marmelade einzukochen. Sie organisierte Lesungen über Hauswirtschaft, damit die Frauen Tipps und Ratschläge bekamen, wie sie ihre

Familien in den harten Zeiten ernähren können. Sie veranstaltete Kurse, in denen junge Frauen lernen konnten, wie Lebensmittel konserviert und eingemacht werden. Sie kaufte Stoffe, aus denen die Frauen der Ortschaft Hemden für die Soldaten nähten, und spendete Lebensmittel für das benachbarte Krankenhaus, in dem verwundete Militärs behandelt wurden. Im Herrenhaus organisierte sie Unterhaltungsabende für Soldaten, und sie veranstaltete regelmäßig Lesungen, damit sich die Bewohnerinnen und Bewohner von Bredon's Norton über den Fortgang des Krieges auf dem Laufenden halten konnten. Als 1917 die USA in den Krieg eintraten, hisste Victoria Woodhull auf ihrem Haus die amerikanische Flagge.

1923 starb Tennessee Claflin im Alter von 77 Jahren. Tennie war in ihren letzten Lebensjahrzehnten weniger sesshaft gewesen als Victoria. Seit deren Umzug nach Bredon's Norton hatten die beiden Schwestern sich nur noch gelegentlich gesehen. Tennessee reiste oft nach Amerika, häufig in Begleitung einer ihrer zahlreichen Nichten und Neffen oder deren Kinder. Hin und wieder besuchte sie Victoria und Zula Maud in Bredon's Norton, aber das Leben dort war ihr zu ruhig und zu beschaulich. Auch sie fuhr gerne Auto, und auf ihrem Wagen hing immer ein Banner mit der Aufschrift »Wahlrecht für Frauen« – bis es 1920 endlich eingeführt wurde. Nach ihrem Tod rühmten die Zeitungen Tennessee Claflin für ihren »Einsatz für die Frauenrechte in Amerika«, wie die Londoner *Times* schrieb. Kein Wort von Skandalen, Erpressung, freier Liebe, Hellseherei und Gefängnisaufenthalten. Sogar die New Yorker Zeitungen zeigten sich versöhnlich: »Bankier und Journalistin« sei Lady Cook gewesen, schrieb die *New York Times*, und nur am Rande wurde erwähnt, dass einige »unerfreuliche« Artikel in ihrer früheren Zeitung, dem *Woodhull and Claflin's Weekly*, ihr und ihrer Schwester im Zusammenhang mit dem Beecher-Tilton-Skandal einige Kritik eingebracht hätten. Aber diese Geschichte lag ja nun schon vierzig Jahre zurück.

Tennessee Claflin – Lady Cook

Nach Tennies Tod beschloss Victoria erst recht, ihrem eigenen Tod die Stirn zu bieten. Sie wollte nicht sterben, und sie traf ihre Vorkehrungen: Um etwas für ihre Gesundheit zu tun, kaufte sie ein Apartment am Meer, in Brighton, wohin sie sich und ihren Sohn Byron mit ihrem neuesten Auto, einem Talbot-Darracq, regelmäßig fahren ließ. Besucherinnen und Besucher überreichte sie nun als erstes eine Karte, auf der zu lesen stand: »Ich schüttle prinzipiell keine Hände – aus gesundheitlichen Gründen.« Ganz anders als in ihrer Jugend, als sie allen Menschen gleich die Hände gereicht hatte, um die energetischen Strömungen zu spüren, war Victoria Woodhull nun überzeugt, Händeschütteln sei eine barbarische Sitte, die abgeschafft gehört – die ganzen Bazillen, die da übertragen werden! Trotzdem suchte sie bis zuletzt die Öffentlichkeit. Seit 1920 die Frauen in den USA das Wahlrecht bekommen hatten, war sie wieder eine gefragte Interviewpartnerin – schließlich waren sie und Tennessee die einzigen der früheren Streiterinnen, die die Einführung des Wahlrechts noch erlebten. Sie lud den Earl of Coventry zu sich nach Norton Park ein, ließ ein Foto machen und schickte es den Zeitungen zu – mit der Überschrift: »Earl besucht die amerikanische Mutter des Frauenwahlrechtes«.

Zu ihrem 86. Geburtstag überbrachte eine Delegation aus dem Ort Victoria Woodhull ein Album mit einem Gratulationsbrief, den jeder einzelne Einwohner und jede Einwohnerin unterzeichnet hatte. Man nannte sie im Ort »Lady Bountiful«, die freigebige Dame. Ab 1925 konnte sie die Hügel von Norton Park nicht mehr bewältigen, daher ließ Zula Maud eine Straße bis zum höchsten Punkt bauen, sodass Victoria sich im Auto hinbringen lassen und weiterhin den Ausblick auf die Landschaft genießen konnte. Denn trotz ihres hohen Alters blieb sie nicht gerne zu Hause. Einen Großteil ihrer Tage verbrachte sie auf der Rückbank ihres Autos und ließ sich von ihrem Fahrer durch die Gegend kutschieren. Angeblich schlief sie die letzten vier Jahre ihres Lebens nachts aufrecht in einem Stuhl sitzend –

aus Angst, sie könnte sterben, wenn sie sich hinlegte. Denn sie hatte in einer Statistik gelesen, dass die meisten alten Menschen nachts in ihrem Bett starben.

Im Mai 1927 überquerte Charles Lindbergh als Erster mit einem Flugzeug den Atlantischen Ozean. Es war das letzte Ereignis von weltgeschichtlicher Bedeutung, das Victoria Woodhull noch erlebte. Sie starb am 9. Juni 1927, im Alter von achtundachtzig Jahren. Ihre Asche wurde, wie sie es angeordnet hatte, genau zwischen England und Amerika ins Meer gestreut. Ihr Vermögen, insgesamt über 180.000 englische Pfund, erbte Zula Maud, die weiterhin für ihren behinderten Bruder Byron sorgte.

NACHWORT

»Ihre Mutter hat mir gesagt, Hillary habe als Kind Stunden damit verbracht, vor dem Elternhaus in der Sonne zu tanzen. Sie glaubte, das Licht sei für sie bestimmt, von Gott geschickt«, schreibt eine Biografin über Hillary Clinton. Zumindest bei der Überzeugung, von höheren Mächten beschützt und geleitet zu werden, gibt es also eine Gemeinsamkeit zwischen der zurzeit mächtigsten Frau Amerikas und ihrer frühen Vorgängerin als amerikanische Präsidentschaftskandidatin, Victoria Woodhull.

Und doch hat sich seither so vieles geändert. Zwar dauerte es nach Woodhulls Kampagne noch fast fünfzig Jahre, bis Frauen in den USA das Wahlrecht bekamen. Aber heute ist ihre Anwesenheit in Parlamenten und anderen politischen Institutionen schon vollkommen normal. In Deutschland ist bereits eine ganze Generation junger Frauen mit einer weiblichen Bundeskanzlerin vor Augen aufgewachsen. Niemand stellt mehr ernsthaft in Frage, dass Frauen politische Ämter ausfüllen können – ganz im Gegenteil, Parteien, die keine Frauen in der ersten Reihe vorzuweisen haben, geraten in Legitimationsprobleme.

Frauen in politischen Ämtern sind inzwischen sogar schon so normal geworden, dass Hillary Clinton ihre historische Rolle als erste Frau, die reale Chancen auf die amerikanische Präsidentschaft hat, im Wahlkampf gar nicht ausspielen konnte. Ganz im Gegenteil: Im Vergleich mit ihren Konkurrenten Donald Trump und Bernie Sanders – zwei alten weißen Männern! – fiel ihr die Rolle zu, das überkommene, verknöcherte Establishment zu verkörpern.

Das hätte Victoria Woodhull nicht passieren können. Anders

als Clinton, die ja tatsächlich zum Establishment der Politszene gehört, war die erste amerikanische Präsidentschaftskandidatin so weit von führenden Kreisen entfernt, wie man das nur sein konnte. Und ihr Frausein spielte dabei die allergeringste Rolle. Victoria Woodhulls Engagement steht dafür, dass Politik nicht nur ein Geschäft für die bildungsbürgerliche Mittelschicht ist, sondern dass alle etwas dazu zu sagen haben. Auch die Marginalisierten, das Prekariat, die Unterschicht. Bis heute ist das ein uneingelöstes Versprechen der Demokratie.

Woodhulls Herkunft aus der Unterschicht spiegelte sich auch in ihren Themen wieder: Sie machte ihren bürgerlichen Mitstreiterinnen klar, dass die allermeisten Frauen nicht darunter leiden, dass ihnen das Wahlrecht vorenthalten wird, sondern unter Armut, prekären Lebensbedingungen, übergroßer Arbeitsbelastung, der Sorge um ihre Kinder, sexualisierter Gewalt, Stigmatisierung. All das sind heute noch aktuelle feministische Themen, die für das Leben der meisten Frauen relevanter sind als beispielsweise fehlende Frauenquoten in Konzernvorständen.

In der feministischen Theorie wird die Verwobenheit von geschlechtsspezifischen mit anderen Diskriminierungsformen heute »Intersektionalität‹ genannt, und Victoria Woodhull war eine intersektionale Feministin *avant la lettre*. Mit ihrer Lebenserfahrung und ihren Überzeugungen stand sie für eine viel breitere Perspektive auf Politik, als weiße bürgerliche Feministinnen sie damals hatten und oft genug auch heute noch haben. Die Themen, die sie auf die politische Agenda hob, sind auch hundertfünfzig Jahre später noch aktuell: Engagement gegen sexuelle Gewalt, Einsatz für freie Liebe, für Zugang zu Verhütungsmitteln und Abtreibung, Rechte von Prostituierten, Kampf gegen Rassismus, bessere Bezahlung von Frauen vor allem in Niedriglohnjobs, Gesundheits- und Schulversorgung für alle. Nichts davon hat sich inzwischen erledigt.

Victoria Woodhull ist keineswegs nur deshalb bis heute ein feministisches Vorbild, weil sie ›als Frau‹ etwas gewagt hat.

Sondern weil sie sich dabei auch nie an die Erwartungen des sogenannten Establishments angepasst hat. Von der nachträglichen Relativierung ihrer Haltung zur freien Liebe abgesehen, stand sie zu ihren Positionen, egal wie unbeliebt sie sich damit machte und auch wenn das ihre Chancen auf Anerkennung in bürgerlichen Kreisen gefährdete. Gleichzeitig hat sie jedoch jede sich bietende Gelegenheit genutzt, für ihre Ansichten zu werben und ihre Ideen einem breiteren Publikum zu vermitteln.

Eine solch souveräne Haltung ist auch in emanzipierten Zeiten noch längst keine Selbstverständlichkeit. Wir können immer noch viel von Victoria Woodhull lernen.

Frankfurt, im Juni 2016

Bildnachweis

S. 48, 58 unten, 62 – Barbara Goldsmith: *Other Powers. The Age of Suffrage, Spiritualism, and the Scandalous Victoria Woodhull*, New York 1998.
S. 5, 30, 36, 66, 90 – Gabriel, Mary: *Notorious Victoria. The Life of Victoria Woodhull, Uncensored*, Chapel Hill / North Carolina 1998.
S. 4, 110, 120, 124, 134 – Emanie Sachs: *The Terrible Siren. Victoria Woodhull*, New York, 1928.
S. 24, 58 oben – Lois Beachy Underhill: *The Woman who Ran for President: The Many Lives of Victoria Woodhull*, New York 1995.

Bibliografische Information der Deutschen Nationalbibliothek
Die Deutsche Nationalbibliothek verzeichnet diese Publikation in der Deutschen Nationalbibliografie; detaillierte bibliografische Daten sind im Internet über http://dnb.d-nb.de abrufbar.

Gedruckt auf säurefreiem, alterungsbeständigem Werkdruckpapier.

ISBN 978-3-89741- 393-1

Covergestaltung: Atelier KatarinaS / NL

Ulrike Helmer Verlag
Neugartenstraße 36c, D-65843 Sulzbach/Taunus
E-Mail: info@ulrike-helmer-verlag.de

www.ulrike-helmer-verlag.de

Antje Schrupp

ist Redakteurin des *Evangelischen Frankfurt* und des Internetforums *Beziehungsweise Weiterdenken*, außerdem freie Autorin und Referentin zu Fragen von Philosophie, Feminismus, Religionen und Weltanschauungen sowie zur Geschichte des Sozialismus. Zu zahlreichen Fragen ist sie in den sozialen Medien, u.a. als Bloggerin aktiv. Im Jahre 2016 wurde sie von der Süddeutschen Zeitung unter der Rubrik »Feministinnen, die Sie kennen sollten« an erster Stelle genannt.

Mehr von Antje Schrupp im Ulrike Helmer Verlag

Was wäre wenn?
Über das Begehren und die Bedingungen weiblicher Freiheit
ISBN 978-3-89741-292-7. Paperback, 180 Seiten. 16,90 €

Weibliche Freiheit bedeutet, die Emanzipation der Frauen nicht als das Ende der Entwicklung zu begreifen, sondern als Ausgangspunkt. Für eine andere Welt, wobei das Ergebnis anders als bei der Emanzipation nicht vorher schon bekannt ist, sondern sich erst entwickelt.

Methusalems Mütter
Chancen des demografischen Wandels
ISBN 978-3-89741-223-1. Paperback, 204 Seiten. 16,90 €

Niedrige Geburtenraten, leere Renten- und Pflegekassen ... Sitzt Deutschland in der Altersfalle? Die Lage retten sollen die Frauen, indem sie mehr Kinder bekommen und noch mehr Alte pflegen? Antje Schrupp klärt statistische Irrtümer über die alternde Gesellschaft auf und relativiert das Katastrophenszenario: Realistisch betrachtet, bietet die älter werdende Gesellschaft durchaus Chancen.

Ronald Blaschke / Ina Praetorius / Antje Schrupp (Hg.)
Das Bedingungslose Grundeinkommen
Feministische und postpatriarchale Perspektiven
ISBN 978-3-89741-394-8. Paperback, ca. 180 Seiten. 14,95 € (D)

Rentenmisere und drohende Arbeitsarmut – allerhöchste Zeit, die politische Diskussion voranzutreiben. Feministische Ökonomiekritik betont seit langem, dass Arbeit mehr ist als Erwerbsarbeit und Wirtschaft mehr als Zahlen und Bilanzen. Das Bedingungslose Grundeinkommen kann ein Schritt in die richtige Richtung sein, allerdings nur, wenn feministische und postpatriarchale Perspektiven und ein auf Care zentriertes ökonomisches Konzept dabei mitgedacht werden.